U0137656

让孩子受益一生的阅读养成书

梅叶挺◎著

海峡出版发行集团 | 鹭江出版社
THE STRAITS PUBLISHING & DISTRIBUTING GROUP | LUJIANG PUBLISHING HOUSE

2019年·厦门

图书在版编目（CIP）数据

让孩子受益一生的阅读养成书 / 梅叶挺著 . —厦门：鹭江出版社，2019.12

ISBN 978-7-5459-1626-3

Ⅰ . ①让… Ⅱ . ①梅… Ⅲ . ①读书方法−家庭教育 Ⅳ . ① G792 ② G78

中国版本图书馆 CIP 数据核字（2019）第 191003 号

RANG HAIZI SHOUYI YISHENG DE YUEDU YANGCHENG SHU

让孩子受益一生的阅读养成书

梅叶挺　著

出版发行：鹭江出版社

地　　址：厦门市湖明路 22 号　　　　　　　　　邮政编码：361004

印　　刷：天津联城印刷有限公司

地　　址：天津市宝坻区新安镇

　　　　　工业园区 3 号路 2 号　　　　　　　　　邮政编码：301806

开　　本：880mm×1230mm　1/32

插　　页：2

印　　张：6.25

字　　数：134 千字

版　　次：2019 年 12 月第 1 版　　2019 年 12 月第 1 次印刷

书　　号：ISBN 978-7-5459-1626-3

定　　价：42.00 元

如发现印装质量问题，请寄承印厂调换。

目 录

阅读的真相（写给家长）

作为家长，我们都知道阅读对孩子很重要，然而与此同时，关于阅读，我们固有的认知中又存在着诸多误解。

这些误解，一部分来自于我们所接受的教育，一部分来自于没有经过严谨逻辑论证的草率推断，而这些经年累月形成的误解，像杂草的根须一样强劲，春风吹又生，又在影响着我们下一代的阅读。

比如有一个说法叫"课外书"，我相信每个家长都听过这个词语或者经常向孩子使用这个词语。"课外书"这个定义隐含了阅读的优先级，那就是"课内"优先、"课外"靠后，甚至还暗含着"课外书"属于无益的娱乐范畴，让孩子尽量少读的意思。但实际上，来自美国的教育理论研究者得出来的结论可能会让你大跌眼镜。

再比如，大部分的家长坚信阅读是老师的任务，或者自己完全不敢向孩子推荐书，生怕推荐错了会影响孩子，所以每到寒暑假就会在微信群里不断跟老师确认孩子"应该"读哪些书，哪怕老师指定的书目孩子已经明确表示不感兴趣。

还有一部分家长则采用"佛系"管理，认为阅读是不需要学习也无须引导的，随便孩子读就可以了，读着读着孩子自然就养成阅读的习惯了。

凡此种种，都是需要拔除的"根须"，所以在向孩子讲述阅读的方法之前，我们作为家长有必要先了解阅读的真相。

🍃 1.1 被忽视的阅读的力量

我们都知道"开卷有益"，但具体有哪些益处我们却所知有限。

英国诗人哈慈·利特说："书籍蜿蜒伸入我们的心灵，诗人的诗句在我们的血流里舒缓地滑行。我们年轻时诵读它们，年老时仍然铭记它们。我们读到他人的遭遇却感到身历其境。书籍到处可得，而且价廉物美。我们就像呼吸空气中的氧一样吸收书中的营养。"这段话说得很美，但仍没有说清楚阅读到底有哪些益处。

我知道有家长将"阅读的作用"与"提高语文成绩"画上了等号，于是阅读自然而然就变成语文课的一部分，孩子们日常的阅读书单由语文老师来列出，哪些书能读哪些书不能读都得听老师的。那些在孩子童年阶段还会不断给孩子买绘本、故事书的家长，到了孩子入学后就急忙把阅读这件事一股脑儿交给了语文老师。

我知道还有一部分家长奉行经典至上的阅读理念，给孩子买大量的世界名著，其中很大一部分家长自己都没看过，但他们相信经典的一定就是好的，于是他们强迫孩子阅读，他们坚定地相信孩子只要读了大量的经典名著，就一定会由此爱上阅读，至少会具有"名著气质"。

不过，世界著名语言学家、阅读教育理论研究者斯蒂芬·克拉生（Stephen D. Krashen）教授的研究成果可能会改变我们的看法。

克拉生教授在全球推广一种叫FVR（Free Voluntary Reading）的阅读模式，即自由自主阅读。他这样定义FVR：它是指纯粹因为想阅读而阅读，不需写读书报告，也不用回答章节后的问题，若是不喜欢这本书了，也不必勉强读完它。

很多人看到这个定义可能会立即觉得这所谓的FVR不就是随便孩子读嘛，怎么读都行，哪能有什么效果？

为了验证FVR的效果，克拉生教授和他的团队在校园里展开了自由阅读计划，与传统阅读教学的学生进行对比，具体的对比实验过程严谨而科学，限于篇幅我不再做详细介绍。他们在世界各地的学校进行的实验都指向了一个共同的结果：**FVR学生在阅读测验和语言测验中的表现普遍优于传统阅读教学的学生，而且FVR的时间越久，效果越明显。**

克拉生教授及其团队分析发现，FVR阅读法能取得效果的主要原因是它鼓励孩子的阅读兴趣，激发了孩子的阅读潜能，因此他们得出结论：只要鼓励孩子因为乐趣而阅读，这些孩子在阅读测验以及其他语文测验中的表现，都能比传统教学方式下阅读的孩子更好。这是一个严谨科学研究得出的结论，整个研究过程有对比实验，有数据分析，有案例支撑，想要了解详细内容的家长可以阅读克拉生教授的著作《阅读的力量》。

那这是否意味着学校的阅读教学就是无效的甚至拖后腿的呢？当然不是。学校的阅读教学和语文教学承担的是词汇、语法、文法等任务，但也因此损失了对孩子阅读兴趣和阅读习惯的培养，而 FVR 则极大地刺激了孩子的阅读兴趣，让他喜欢上阅读，并养成了阅读习惯。

正是阅读兴趣与阅读习惯的力量，让这些采用 FVR 阅读模式的孩子发生了神奇的变化。

这种神奇的变化我也亲身见证过。

曾经有一位家长带着她 11 岁的儿子 L 找我咨询阅读建议，因为 L 的妈妈认为他非常不爱阅读，语文成绩因此很差。

L 是一个很乖，甚至在我看来有点太乖了的男孩，他严格遵守老师和父母的建议，只读他们想让他读的书，只做他们给他安排的任务，尽管如此，L 的成绩却只在全班中等甚至偏下，语文成绩尤其差。L 的妈妈很苦恼，问我是不是因为孩子太笨了。

我并没有急着给 L 开什么书单，而是跟 L 单独详聊了半天，从 L 的讲述里我知道了一件事情，这样的事情可能是大多数孩子都经历过或正在经历的。L 曾经很喜欢阅读，他喜欢看漫画和魔幻类型的故事，但进入二年级后 L 的父亲就把那些书都锁了起来，并要求他读"四大名著"和老师指定的书。L 读得很费力，而且完全提不起兴趣，他只是为了完成任务而读，L反抗过，但都被压了回去，他也就不再抗争了，而他的阅读兴趣也随之慢慢减退。

于是我给L的妈妈一个建议，让L自己选择想读的书并安排阅读时间，同时跟L的爸爸约定好给L一个学期时间，这期间不干预他的阅读。L刚开始有些无所适从，他不知道自己想读什么书，我于是引导他一些关于选书、做笔记的方法。慢慢地，L重新形成了阅读的习惯，并喜欢上了阅读，之后，我没再做更多的阅读课引导。一个学期后L不仅语文成绩提升明显，其他学科成绩也跟着提高了。

这就是阅读兴趣和阅读习惯的重要性，仅仅是帮助孩子建立起这两项，而没有在阅读技巧和阅读管理上多加指导，就能有这样神奇的效果，这是因为真正的阅读拥有很多被我们忽视的力量。

1. 语文能力的综合提升

学校的语文教学是标准化教学，从字到词再到句子、段落、文法，这种驱动模式是循序渐进的。相比于学校的语文教学，阅读兴趣和阅读习惯支持下的阅读对语文能力的提升是综合性的，因为兴趣、习惯指引下的阅读会对阅读理解力、写作风格、语法、拼写、词汇等有全面感知，这种影响是无形的，但又是明显的。一个爱阅读的孩子会在不知不觉中掌握大量的词汇，并对文法、结构等形成独到的见解。这两种方式并行，孩子就像装了双核驱动的电脑。

2. 思维力和分析力的提升

真正的阅读是会慢慢进阶的，从最开始的基础阅读，慢慢会发展到检视阅读、分析阅读，甚至探到主题阅读，而在进阶的过程中孩子的思维力和分析力都会得到显著的提高，这也是阅读兴趣和习惯形成，其他学科成绩也跟着提升的原因之一。而这两项能力的提升与孩子将来在人生道路上所能达到的个人成就也有直接关联。

3. 自我规划能力和时间管理能力的提升

由于现行的教育方式和家长的参与程度，大部分孩子在自我规划能力和时间管理能力上都偏弱，表现为过度依赖老师和家长，甚至很多孩子的家庭作业都需要父母来提醒。而真正的阅读要求孩子养成自己选书、自己规划阅读的习惯，他们会爱上这个过程，进而慢慢影响其他方面的自我规划能力。

另一方面，阅读笔记、读书计划等阅读指引会让孩子慢慢形成时间管理理念，这些都会使经常阅读的孩子表现得更有独立判断能力和独立规划能力。

4. 让人平静和获得愉悦回报

阅读是有安静效应的，教育专家奥利弗（Oliver）在 1976 年的研究中发现，持续默读可以让四、五、六年级的学生静下来，而且能"对有潜在行为问题的学生形成约束"。很多家长都抱怨孩子不能静下来专心做作业和做事，但经常阅读的孩子在这方面就很少有问题，因为通过阅读习惯所形成的平静的专注力也会投射到其他事情上。

此外，美国学者罗宾森（Robinson）和戈德比（Godbey）调查证实，成年美国人一直将阅读评为令人身心愉悦的活动，以10分为满分，阅读得到8.3分，嗜好得到7.5分，电视得到7.8分。对于孩子来说，一个明显的表现就是经常睡前阅读，或者父母给孩子睡前阅读的，其愉悦程度显得更高。

5. 对写作的帮助

阅读越多的人，越没有所谓的写作恐惧，因为他们不仅在知识面上得到了拓展，同时也拥有了更好的文字驾驭能力。事实上，阅读对于写作的帮助是极为明显的，效果甚至比写作教学还要显著，尤其在读书笔记等工具的辅助下，有些孩子甚至慢慢就有了作家思维，从被动写作发展到主动写作。

总之，阅读并不是简单的读课外书或者由语文老师布置的任务，它是一种陪伴孩子一生的习惯养成和兴趣驱动。

大量的名人都发自肺腑地说过感谢阅读的话，比如高尔基说："读书，这个我们习以为常的过程，实际上是人的心灵和上下古今一切民族的伟大智慧相结合的过程。"雨果说："书籍便是这种改造灵魂的工具。人类所需要的，是富有启发性的养料。而阅读，则正是这种养料。"普希金说："阅读是最好的学习。追随伟大人物的思想，是最富有趣味的一门科学。"

这些名言不胜枚举，但我们依旧会忽略，原因无他，就是我们会慢慢把孩子的阅读当作一个学习任务，而不是兴趣、习惯去培养，然而正是我们所忽略的后者才是阅读真正能产生的陪伴孩子一生的力量源泉。

🍃 1.2 培养孩子阅读兴趣的家长须知

很多家长认识到了阅读对于孩子的重要性，都希望做一些事来培养孩子的阅读兴趣和阅读习惯，然而到了具体能做什么的层面，又不知道到底该做什么了，最后只好都变成给孩子买一堆名著，然后又无奈地抱怨："我给他买了，他也不看，一堆书积了灰在家里不知道哪个角落放着。"

反倒有一些不应该做的事，好多家长却做了。比如跟孩子说"你读完这本书，我就奖励你吃一次哈根达斯"或者"完成今天的阅读任务，可以奖励你玩一小时游戏"之类的。至于这样的奖赏为什么是不能做的，下节我会详细讲。总之，现实是很多家长面临着窘境，想支持却不知道具体怎么做。

现在，有很多文章教家长怎么引导孩子阅读，并让他们产生兴趣，有一些家长照着其中的建议一条条去实践，但由于不了解建议背后的原因，执行起来总是有些折扣，最后效果也就不尽如人意了。其实培养孩子的阅读兴趣核心原则只有三条：**一是营造环境和氛围，二是鼓励自主性，三是不过分介入但充分支持。**

围绕着这三条核心原则，我列出了一份具体操作清单，供家长们参考。其实不必完全遵照着做到每一条，最主要的是了解背后的原因，然后做到你们能做到的部分就可以了。

1. 营造环境和氛围

（1）打造家里的阅读空间

西方谚语说，你如果要喂一匹马喝水，只需要把它引到河边，而不是把水喂到它嘴边。环境和氛围的营造是阅读兴趣形成的有效办法，科学研究也表明家里有书和阅读氛围的家庭，孩子会更倾向于阅读。

所以，有条件的话，每个家庭都应该营造出自己的阅读空间。不一定非要有独立的书房，在客厅里用一把椅子、一个落地阅读灯和一个小书架打造一个舒服的阅读角落。或者在孩子卧室里用地毯和围栏加上一圈书架开辟一个阅读小空间都是不错的尝试，甚至在卫生间、家里的各个角落都可以考虑放一些书，只要不断给孩子接触书的环境，他自然就会捧起一本书开始阅读了。

（2）可能的话，自己保持每天阅读

家长每天看电视，孩子也会跟着看电视；家长每天玩手机，孩子也会跟着玩手机，我们的行为习惯对孩子是直接的言传身教，所以，

如果家长能保持阅读习惯，对孩子阅读习惯的养成会起到积极作用。

我们可以尝试在晚饭后捧起一本书阅读，然后递给孩子一本书，他就会学着我们的样子开始阅读。临睡前也是阅读的好时间，可以跟孩子一起阅读半个小时到一个小时，如此坚持一段时间，孩子的阅读习惯就很容易形成了。

（3）旅行和逛街时，带孩子逛逛图书馆和书店

让孩子喜欢上图书馆和书店，让他从小就知道图书馆和书店是一个可以陪伴他成长的地方。到一个城市旅行，可以提前查一下这个城市的特色书店，然后带孩子感受一下，实体书店往往能熏陶出孩子安静阅读的意愿，也可以在不同城市的书店给孩子买书，盖上纪念章，他会更有兴趣。

周末逛商场时，也尽可能在书店逗留片刻，久而久之，孩子就会养成逛图书馆和书店的习惯。

2. 鼓励自主性

（1）鼓励孩子自己选书、买书

很大一部分家长认为孩子不会选书、买书，如果任他自己选，他就会只读漫画之类"没营养"的书，所以家长们就会大包大揽亲自来选书，或者根据老师的书单来买书，但这会刺激孩子的逆反心理，而且也容易扼杀孩子的阅读兴趣。

我们要逐步建立让孩子不定期提交他自己列的购书清单的习惯，由我们帮忙买或者让他自己去图书馆借阅。"读什么书"这

个问题最有发言权的是孩子自己。父母为孩子选择的图书不论多么优秀，如果孩子不喜欢，读不进去，也是没用的。让孩子自己选书是自主阅读很重要的一步，迈不出这一步，孩子的阅读兴趣很难形成。

（2）让孩子自己整理他的书架、书桌

自主性不仅包括自主选择也包括自主管理，这就包括让孩子自己管理阅读时间，以及他的书架和书桌。这利于形成孩子自己的"领地"意识，他可以按照自己的喜好摆放书，也不必担心偷偷藏着要看的书被父母发现。这些都能促进阅读兴趣和习惯的形成。

我们需要逐步建立一种意识——孩子可以自己管理好阅读，哪怕看到书架凌乱、书桌没收拾，我们最好也只提建议，让孩子自己去整理收拾，并告诉他，书架和书桌就是你的阅读领地，我们不干预。

3. 不过分介入但充分支持

（1）支持孩子的阅读习惯，包括睡前阅读

我们经常会在一些小问题上出现过度解决的情况。比如孩子的阅读习惯，可能有的孩子看书的姿势不端正，可能有的孩子看书离得太近，然后当家长的就会担心会不会导致孩子脊柱走形，或者过早近视，于是就大声喝止，强行纠正，但这样往往会打断孩子的阅读过程，扼杀孩子的阅读习惯，其实是得不偿失的。

另外，科学研究表明睡前阅读是一个极好的习惯，但很多家长总是担心孩子看得太晚会影响休息或者影响视力，于是就坚决制止，其实我们完全可以换一种方式，比如给孩子换一盏合适的阅读灯，提醒孩子不用一下子看完全书。总之，原则就是多用支持的方式而不是干预的方式。

（2）支持孩子的阅读趣味，只引导不强迫

我们可以想想我们在孩子这个年纪时喜欢读哪些书，童话故事？幽默笑话？大量在我们成年后看来没营养的书籍，我们小时候都看得津津有味，即便那时候我们的父辈也希望我们多读名著。

而我们成为家长后则也希望孩子读名著、读艰深晦涩的作品。其实那些轻松读物在培养孩子阅读兴趣上能起到很大的作用，而我们所担心的，孩子会沉迷于这些没营养的读物的问题大部分是不存在的，因为孩子会随着阅读量的增加自动阅读进阶（下节会讲）。当然，适当的引导，比如给孩子讲某本书以引起他的兴趣等方式也是有必要的。

（3）支持孩子的阅读工具需求

"工欲善其事，必先利其器"，阅读也是一样的。在走向更专业更有效的阅读过程中，孩子可能需要购买自己喜欢的读书笔记本以及一些小工具，家长切莫认为记笔记拿普通本子就行了，为什么非要买花哨的笔记本，或者觉得那些小工具不过是孩子趁机娱乐的借口。

其实用自己喜欢的笔记本、喜欢的工具，是孩子爱上阅读的一个过程，想想我们自己是不是也是在喜欢的本子上写东西更有感觉呢？

1.3 关于孩子阅读的一些认识误区

在本章初始，我提到了在我们的认知中对于阅读存在着一些误区，这些误区有些是因为我们接受的传统教育造成的，有些是因为未经认真的逻辑推敲造成的。而这些误区偏偏极其顽固，所以我需要单独再啰唆一下。

1. 阅读是不需要刻意练习的

尽管市面上有很多讲阅读的书，很多家长还是认为阅读是不需要学习和练习的。孩子在学校学会认字，在语文课上学会语法、文法结构等，自然就会阅读了，还需要再学习和练习什么呢？

这其实是对阅读的一个极大误解。美国著名学者、教育家莫提默·J.艾德勒和查尔斯·范多伦合著了一本很好的讲阅读的书，叫《如何阅读一本书》，在这本书的开篇，作者就拿阅读打了一个比方，他说阅读像打棒球，投球手和接球手都是需要练习才能打好的，投球手像写书的人，他们需要用自己的专业技能写好一本书；接球手像阅读的人，他们也需要专业技能才能接到打过来的球，才能读懂书中写的内容。所以阅读并不是一个被动的过程，而是像接球手那样调动自己的全部能力主动接球的过程。

真正的有价值的阅读不仅包含了从基础阅读到检视阅读、分析阅读、主题阅读的进阶过程，更包括在这个过程中通过对技巧的学习解决诸多问题，比如阅读效率的提升、记忆度的提高等。所以，这些技巧的学习和练习不仅不会影响孩子阅读兴趣的形成，反而会使他因为掌握了这些技巧而阅读起来更有乐趣，更有成就感，更易形成持久的兴趣和习惯。

2. 认真读书才是学习，阅读就是娱乐

尽管有大量的研究和证据都表明阅读具有强大的力量，很多家长还是认为只有认认真真读"课内书"才是学习，而阅读，尤其是拿着孩子自己喜欢的"课外书"阅读说到底还是娱乐，不过是相对比较高级的娱乐罢了。因为这种根深蒂固的观念，很多家长对孩子的阅读是既不支持也不反对，只要不影响学习，就让孩子阅读，一旦他们认为阅读影响了孩子的成绩，便会毫不犹豫地阻止。

这其中很重要的原因是阅读的力量不是那么立竿见影就显示出效果的，它是一种慢慢的改变，无声无息却受益终生。打个比方，我们日常的学习、做题像武侠中练功的招数，学一招马上就能打出来，效果明显；而阅读兴趣和阅读习惯像每天打坐吐纳练的内容，没那么快能用起来，但坚持练了，有一天会忽然发现招数更得心应手了，威力更大了。

真正的阅读是对一个人理解力的综合训练，尤其是经过一些技巧训练后的阅读，会让人真正和古代前贤、思想哲人进行对话，成为孩子认识世界、认识自己的重要方式。而阅读效率、读书笔记、

思维导图等方面的阅读动作也会不自觉地影响其他学科。我相信每个支持孩子进行阅读的家长都会最终发现这是一个投资回报率超高的投资动作。

3. 用奖赏的方式鼓励阅读

既然阅读如此重要，有的家长就希望加速这种习惯的养成，于是采用奖赏的方式，还有一些家长则是因为老师布置了阅读任务，用奖赏的方式敦促孩子完成。总之，我们不难见到下面这些奖赏方式：

"你坚持读半个小时书，可以奖励你玩 20 分钟游戏""你读完 30 页，奖励你吃必胜客""你读完这本书，允许你看会儿电视"。

奖励吃、奖励玩，甚至还有奖励钱的，这些奖励当然能立马见到效果，因为孩子会为了奖励安安静静坐着读会儿书。不过《阅读的力量》的作者克拉生教授却反对家长们这么做，原因很简单，因为阅读本身就是一种乐趣，孩子应该从阅读本身得到愉悦的奖励，而不是为了"奖励"而阅读，其他形式的奖励会转移孩子从阅读本身获得的愉悦。

事实上，一本孩子爱不释手的书，一次沉浸在其中废寝忘食的阅读体验，都能加快孩子阅读兴趣的培育，以阅读本身的愉悦来滋养阅读习惯才是最正确的方式，其他形式的奖励则像揠苗助长，会损害阅读兴趣的发展。

4. 视轻松读物如洪水猛兽

在阅读兴趣养成阶段还有一个矛盾存在，那就是孩子喜欢的读物大多是漫画、杂志、幽默、故事等不符合家长预期的"无营养"读物。

准确地说，这些"无营养"读物应该叫作轻松读物，事实上轻松读物能否对孩子的阅读起到作用在各个国家都引起过争议和讨论。比如在美国就出台过《漫画法》（Comics Code）对漫画内容进行审查，因为大众担忧像漫画这样的轻松读物不仅不能对孩子的阅读起到作用，还可能引发孩子对其中暴力等内容的模仿。

不过这样的担忧目前已经在教育研究界解除，没有任何证据表明读这些轻松读物与孩子的行为举止之间有必然的关联。

轻松读物在阅读初期对于孩子阅读兴趣的形成是能起到很好的作用的。目前很多个案研究和数据统计研究都支持一个观点：**轻松读物是许多孩子学习阅读以及培养阅读习惯的方式**。而一些严谨的学者通过对漫画的文字内容进行细致的研究发现，大量漫画的文字内容其语文程度超过或相当于十二年级（相当于我们的高中）的语文水平，而且漫画语言介于口语会话与专业写作的精练抽象文字之间，增强了漫画作为提升阅读能力的读物的可能。

不仅漫画，孩子喜欢的其他轻松读物，比如女孩子喜欢的青春浪漫小说、男孩子喜欢的冒险故事等在培养阅读兴趣和阅读能力方面都具有同等作用，但若只是阅读轻松读物对培养更高的阅读能力就没有多大帮助了。不过研究发现，轻松的阅读会带领人通向更深的阅读，孩子慢慢会被引导走向我们公认的"好书"。

所以，我们大可不必把轻松读物当作洪水猛兽一般对待，想想我们自己在青少年时期偷偷读金庸、古龙，或者读琼瑶、三毛的日子，这些带给我们极大快乐但在当时被老师、家长视为禁忌的读物在今天有很多都被证明是了不起的文学作品。我们可以把读轻松读物视作一个成长阶段，当然我们也可以对孩子进行适当引导，让他对好书也产生同样的兴趣。

1.4 可以尝试引导孩子阅读的经典书单

在孩子的阅读中，从某种程度上来说，量比质重要。在他那个成长阶段，孩子通过读自己喜欢的书积累足够的阅读量，自然而然就能获得阅读上的进步，而且他自己会慢慢向好书进阶。

一般而言，一、二年级孩子每年的阅读量不能低于 100 万字，以一本书平均 10 万字计算，一年要完成 10 本以上的阅读；二、三年级每年不能低于 200 万字的阅读量，也就是至少每年读完 20 本以上；四、五、六年级及以上每年不能低于 300 万字的阅读量，差不多每周完成一本书的阅读。

在这个量的要求下，我们要求孩子读的每本书都是经典名著是不可能完成的任务，前文我也提到了我们做家长的要尽可能鼓励孩子自己选书，把阅读的主动权交还给孩子，这也主要是为了保障量的完成。

不过这不意味着我们不能通过一些合适的引导让孩子阅读一些好书。最合适的引导方式是我们通过讲述这些书引起孩子的兴趣,我们自己没读过的可以通过了解概要,然后挑其中最精彩的部分讲述给孩子,让他好奇,想读。

我整理了涵盖各个知识领域的 20 本书,供家长们补充参考。

1. 哲学启蒙和人生价值观

(1)《苏菲的世界》【挪威】乔斯坦·贾德

这是很多人的哲学启蒙书。14 岁的少女苏菲某天放学回家,发现了一封神秘的信。——你是谁?——世界从哪里来?于是,在某个神秘导师的指引下,苏菲开始思索从古希腊到康德、从祁克果到弗洛伊德等各位大师所思考的根本问题。与此同时,苏菲不断接到一些极不寻常的来信,世界像谜团一般在她眼底展开。

(2)《永远讲不完的故事》【德】米切尔·恩德

主人公巴斯蒂安在上学的路上意外地发现一本奇书:《永远讲不完的故事》——幻想王国正在毁灭,天真女皇生命垂危,只有一个人间的小孩为她起一个新的名字,她和幻想王国方能得救。于是巴斯蒂安被拉进故事中,成了天真女皇和幻想王国的拯救者。这本书想象瑰丽,又有深刻的哲学内涵,被称为现代青少年启示录。

(3)《小王子》【法】圣-埃克苏佩里

作者在献辞中说:这本书是献给长成了大人的从前那个孩子。《小王子》不仅赢得了儿童读者,也为成年人所喜爱,作品凝练的语言渗透了作者对人类及人类文明深邃的思索。它所表现出的讽刺与幻想、真情与哲理，使之成为法国乃至世界上最为著名的一部童话小说。

（4）《我的生活：海伦·凯勒自传》【美】海伦·凯勒

这本书堪称美国历史上最伟大的女性传记，是丘吉尔、马克·吐温推荐的励志经典，能让孩子了解如何面对人生困难。

（5）《爱的教育》【意】亚米契斯

这本书能让孩子建立对世界的美好认知，感受到爱的力量，包括与父母、老师、朋友的相处。

2. 故事吸引和文字启蒙

（6）《城南旧事》林海音

多少年来，《城南旧事》感动了一代又一代的读者，从小说到电影，从成人书到儿童绘本，《城南旧事》是故事、是梦幻，读时仿若音乐，轻轻扣动人心，字里行间所隐含的深意，更令人感动。

（7）《夏洛的网》【美】E.B. 怀特

一只蜘蛛和小猪的故事，让孩子感受奇迹和友情。

（8）《银河铁道之夜》【日】宫泽贤治

世界级童话大师的经典之作，一列闪烁着天光的银河铁道列车拔地而起，飞过一片片熠熠燃烧的天火，飞过被钻石、露水和所有美丽东西的灿烂光芒所照亮的银河的河床，驶向璀璨神秘的银河。唯有命定的乘客及有缘人才得以搭乘，得以见识另一种生命的去途，得以窥见生与死的奥秘。

让孩子
受益一生的阅读养成书

（9）《哈利·波特》系列【英】J.K.罗琳

每个孩子心中都有一个魔法世界。

（10）《奇迹男孩》【美】R.J.帕拉西奥

一个面目丑陋、内心善良的奇迹男孩的励志故事，有同名电影。

3. 科学启发和科幻想象

（11）《万物简史（彩图珍藏版）》【美】比尔·布莱森

这是一部有关现代科学发展史的既通俗易懂又引人入胜的书，作者用清晰明了、幽默风趣的笔法，将宇宙大爆炸到人类文明发展进程中所发生的诸多妙趣横生的故事一一收入笔下。欧盟委员会笛卡儿科普奖获奖作品、英国皇家学会安万特奖获奖作品、美国《科学》杂志最佳科学著作之一，已被译成近40种国家和地区文字。

12.《穿越时空》【英】哈里斯

《穿越时空》系列为引进英国的畅销儿童图书。每一本书讲述一个主题，如城堡、火山、恐龙、交通、金字塔等。翻开每本书都像经历一次旅行，但这绝非普通的旅行，而是一次穿越时间长河的旅行。翻动书页，时间飞跃，每翻过一页，时间就跳跃几天、几年、几个世纪，甚至数百万年。

（13）《昆虫记》【法】J.H.法布尔

《昆虫记》是法国杰出昆虫学家、文学家法布尔的传世佳作，亦是一部不朽的著作。它熔作者毕生研究成果和人生感悟于一炉，以人性观照虫性，将昆虫世界化作供人类获得知识、趣味、美感和

· 20 ·

思想的美文。

（14）《海底两万里》【法】儒勒·凡尔纳

法国举世闻名的科幻小说作家儒勒·凡尔纳的代表作之一。

（15）《白垩纪往事》刘慈欣

《白垩纪往事》，又名《当恐龙遇上蚂蚁》，如果就这么正常发展下去，恐龙和蚂蚁的社会大概都不可能继续进化了。这两个物种刚刚燃起的智慧之火将在时间的长河中渐渐熄灭，就如同在它们之前和之后的无数物种曾经有过的那样，只是地球历史的漫漫长夜中闪现的两点转瞬即逝的荧光。

4. 历史沉淀和艺术熏陶

（16）《艺术的故事》【英】贡布里希

《艺术的故事》概括地叙述了从最早的洞窟绘画到当今的实验艺术的发展历程，以阐明艺术史是各种传统不断迂回、不断改变的历史，每一件作品在这历史中都既回顾过去又导向未来。

（17）《认识艺术》【美】马克·盖特雷恩

美国最畅销的艺术基础概论教材，自1985年第一版以来，不断再版，赢得过包括纽约图书展最佳设计和制作奖项在内的多项大奖，深受艺术院校师生的欢迎。

（18）《写给儿童的世界历史》陈卫平

这是一套台湾学者精心为中国孩子编写的世界历史，荣获台湾金鼎奖。

（19）《写给儿童的中国历史》陈卫平

陈卫平，台湾学者、作家，资深出版人。毕业于辅仁大学哲学研究所，后致力于儿童图书出版工作。

（20）《写给儿童的中国地理》

这套书由陈卫平、陈雨岚、王存立、刘兴诗等人共同撰写完成。

结语

美国著名阅读研究专家吉姆·崔利斯（Jim Trelease）写过一本书叫《朗读手册》，在书里他建议父母们使用3B法鼓励孩子阅读。

书籍 Book Ownership：让孩子拥有自己的书，在书里写上自己的名字，可以在书上做标记，甚至涂鸦。

书架 Book Basket：拥有大大小小的书架，并将它们放在最常被使用到的地方，例如厕所里、餐桌旁、卧室内。

床头灯 Bed Lamp：大多数的孩子为了能晚一点睡觉会愿意做任何事，即使是阅读。即使孩子只有二岁，也可以对他说：你已经很大了，可以像爸爸妈妈一样在床上看书。

我们不难看出，3B法也是在环境氛围营造、自主性营造、习惯引导这些方面做功课，因为兴趣和习惯的养成必须是自发自主的，父母永远不能代替或逼迫孩子去做他反感的事。

在《朗读手册》里，吉姆·崔利斯还提到了两条定律：

阅读定律一：**人类是喜欢享乐的**。如果一个孩子很少体验到阅读的乐趣，只遭遇到无趣，那他的自然反应就会是回避。

阅读定律二：**阅读是积累渐进的技能**。你读得越多，就读得越好。阅读与背景知识互相滋养。词汇量越大，读起书来越容易理解；理解得越多，读得越多，词汇量越大。

这两条定律同样适合我们作为在面对孩子学习阅读过程中建议自己的标准，一是不要剥夺孩子的阅读乐趣，二是不要过分担忧孩子沉迷于低阶段阅读。

希望以上内容能让您和孩子都拥有更好的阅读体验，并从阅读习惯中获得受益一生的力量。

第 1 章

发现阅读的乐趣

美国作家艾伦·雅各布斯写过一本书叫《阅读的乐趣》，在书中他这样形容阅读给他带来的乐趣：

"在书中我与逝者重逢，在书中我预见未来之事，在书中有战事纷争，在书中有和平安定。万物都随时间腐化，星辰陨落，季节更替，一切繁华终归尘土，然而上帝让这一切在书中得以重现。"

我相信能写出这样的感受一定是作者发自肺腑的，我也相信有过这样体验的人一辈子都会手不释卷，他是从内心深处爱上了读书这件事。

相比而言，我并不太喜欢我们经常在教室墙壁上读到的格言——"书山有路勤为径，学海无涯苦作舟"。这句格言把读书说得太苦了，忽视了阅读带给我们的乐趣。或者那句"书中自有黄金屋，书中自有颜如玉"，这个句子太功利了，同样也忽视了阅读能带给我们的乐趣。

阅读首先是有乐趣的，这是每个人都能获得的，科学研究已经表明在阅读过程中有"心流"活动，沉浸在阅读中的人表现会更明显，我想很多人都经历过读得忘了吃饭、忘了睡觉，或者读完某本书久久回味的感觉。

但与此同时，我们又不免有很多困惑，比如我自己在读书时觉得有乐趣，但被爸爸妈妈逼着看书就有些难受，这该怎么办？比如我不知道自己到底想看什么书，每次买书都是看封面好看就选，这该怎么办？又或者有一些我从来没读过的书，我有时候会想试试，但又不知道该怎么选……

本章我将带领大家一点点发现阅读的乐趣，并且向更高级的阅读乐趣迈进。

1.1 找到第一本爱不释手的书

英国著名作家毛姆说："人应当为了享受而阅读。在我看来，把阅读当作一项任务是不明智的。阅读是一种享受，是生活中最美好的事情之一。"

不过在现实生活中，我们很少能这么纯粹地对待阅读，很多时候我们都是为了"任务"而阅读，学生时代我们为了提高学习和考试成绩而阅读，工作后我们为了提升工作能力而阅读。但没有功利目的、没有任何杂念，纯粹地享受阅读的乐趣实在是一件美妙的事，所以我希望每个人都能拥有这样一个阶段，如果我们都从某一点开始喜欢上阅读，我希望都是从这点开始。

而且，更重要的是，**只要一次美好的阅读经验，就可以造就一个热爱读书的人**。而获得这样一次美好的阅读体验也很简单，我们只需要找到一本爱不释手的书。

我的第一次美好的阅读体验是在初中，那本爱不释手的书是金庸先生的武侠小说《白马啸西风》。我已经忘了当时是通过什么渠道获得的那本书。那是一本残破的书，封面破损了一半，内文也缺少了好几页，但完全不影响我沉迷于其中，被它深深吸引。我仍然清楚地记得我是从午饭后拿起这本书看的，我捧着它靠在我家屋顶上的一堵矮墙，晒着太阳一页页往后翻，直到我母亲上屋顶来叫我。她说喊我吃晚饭喊了好长时间都不见我，找了半天才发现我在屋顶，而我才发现居然已经到吃晚饭的时间了。

我完全没听到母亲的呼喊，我当时应该是沉迷在金庸先生描述的故事世界里了，不知道已经过去了整个下午。我也还记得我看到那本书结尾，李文秀骑着白马回中原的场景：

"白马已经老了，只能慢慢地走，但终是能回到中原的。江南有杨柳、桃花，有燕子、金鱼……汉人中有的是英俊勇武的少年、倜傥潇洒的少年……但这个美丽的姑娘就像古高昌国人那样固执：'那都是很好很好的，可是我偏不喜欢。'"

我当时久久回味，觉得"那都是很好很好的，可是我偏不喜欢"这句话真是写进我的心坎里了。我体会到了一种无奈，也跟着感伤起来。

因为这次阅读体验，我迷上了武侠小说，也喜欢上了其他很多文学作品，所以一本爱不释手的书和一次特别"爽"的读书体验，是会让我们彻底爱上阅读的。

而让你爱不释手的那本书可能是《哈利·波特》，可能是《小王子》，可能是《海贼王》，可能是《昆虫记》，都有可能，只要符合以下两条感觉，你就能确定那本属于你的爱不释手的书。

第一种感觉是：你拿起来就不想放下。

第二种感觉是：读的时候你感到全身心都沉浸在里面。

现在你不妨想想你读过的书里有没有哪本书让你有这两种感觉的，如果你现在还没有遇到这样一本爱不释手的书也不要灰心，你可以一点点慢慢靠近这本书，比如你看电影《纳尼亚传奇》时觉得奇幻的世界很有意思，你就可以找这本书来读，一读发现很喜欢但还没有到爱不释手的程度，那也许同类的《哈利·波特》会给你这种感觉。

没错，我们接近这本爱不释手的书是可以循着一条轨迹前进的。

第一步：找到你喜欢的那个题材。

第二步：找到这个题材里最优秀的书。

第三步：试着读一下，记录自己的感觉。

另外，那本你找到的爱不释手的书还有一种神奇的魔力——它会指引你下一本书读什么。这本书就像一个面包屑，你顺着它慢慢找，就会发现更多面包屑，然后找到那个面包。第一本爱不释手的书会帮我们找到那个属于自己的世界，建立起自己的第一个知识场域，我们会比其他同学对这个领域更了解。

我认识一个朋友小 Z，他的那本爱不释手的书是一本叫《白垩纪往事》的故事书，他说他在小学读到那本书时就对恐龙这个物种着了迷，从此疯狂地找各种有关恐龙的书来看，《恐龙足迹》《普林斯顿恐龙图鉴》《我的宠物是恐龙》等，看着看着他就成了恐龙方面的"专家"了，对各种恐龙的特点、习性如数家珍。

再后来小 Z 重新找来当年让他爱不释手的那本书《白垩纪往事》时，才发现这本书的作者正是大名鼎鼎的科幻小说作家刘慈欣。正是这个"面包屑"让小 Z 找到了"恐龙"这个面包，又指引他找到了"科幻"的面包。小 Z 现在已经读大学了，所学专业就是古生物学。

这节内容是一节相对轻松的内容，因为我希望我们如果从某一个点开始阅读，那这个点最好是"喜欢和热爱"。所以我简单总结一下这节的内容就是：**去找到让你爱不释手的那本书，然后毫不犹豫地捧起来阅读，这本书会带你发现一个全新的世界，也会带你进入阅读的殿堂。**

1.2 掌握选书的主动权

我曾经在我的阅读课上问同学们：你们读的书是怎么来的？

有些同学回答是老师推荐，爸爸妈妈按照书单买的。

有些同学回答是爸爸妈妈直接买的。

极少有同学是完全自己选书、自己买书的。有些同学还抱怨说，家长硬塞给他们读的书他们都不喜欢，但又没办法，因为他们没有选书的主动权。

于是我顺着问，如果给了你们选书的主动权，你们要怎么选书？这些同学很兴奋地表示要选自己想读的书，于是我继续问，哪些是你想读的书呢？然后他们发现自己被问住了，于是问题就出现了，如果真的给他们选书权，他们其实并不知道怎么给自己选书。

同学们之所以没有选书权，很大程度上是我们其实并不知道怎样系统地给我们自己选书，我们可能选出一本两本自己想读的书，但全年自己选书，甚至以后都自己选书，我们就不知道该怎么办。所以如果想掌握选书的主动权，我们首先要知道该怎样为自己选书，并且证明给爸爸妈妈看我们已经完全有能力为自己选书了，这样他们才可以放心地把选书的主动权交给我们，而我们自己也能从阅读中更进一步，因为选书是阅读能力很重要的一环。

那么第二个问题来了，我们怎么能知道我们到底想读什么书呢？

这个问题的答案不是想出来的，而是"遇"到的。我们不可能闭着眼睛想出我们想要读什么书，直奔书店然后凭着封面的感觉挑选意义也不大。但如果我们留意身边的线索，留意自己内心的感受，就会发现，实际上我们日常的学习和生活中有很多信息都在告诉我们，这本书我可能会喜欢，这本书我有必要找来读一下，我们只需要留意这些信息的来源，然后把这些信息记下来。

1. 读书或遐想时偶然想到的

有时候我们正在读的一本书会突然往我们的脑子里冲击一个

想法。比如你正在读《小王子》，里边关于沙漠、航行的描写让你着迷。这时你可能会冒出这样一个想法："这个作者一定去过沙漠吧，他有没有写过关于沙漠和航行的别的故事？"

有时候甚至我们并没有在读书，也有想法突然冲击大脑。比如你可能跟着爸爸妈妈旅行，一天参观各种景点下来让你又疲惫又兴奋，你坐在酒店的阳台上，看着远处的风景，忽然产生一种困惑，想到一个问题："我们到底为什么要旅行呢？旅行的意义是什么？"

这些想法都是转瞬即逝的，却是非常宝贵的，它们可能隐藏着重要的线索，它们是你内心最真实的感悟，而且它们其实都在告诉你你可能感兴趣的书。比如第一个问题，你顺着去思考、去搜索就能找到圣-埃克苏佩里另一本很棒的书《夜航》，而第二个问题，你顺着去思考也许会找到阿兰·德波顿的一本非常棒的书《旅行的艺术》，它能解答你旅行到底有什么意义，以及我们为什么要旅行。

而且因为这些问题是我们自己想到的，我们又顺着找到了书，所以这种感觉会很棒，以至于我们在读这些书的时候会格外有感触，很容易产生共鸣。

2. 他人推荐的

我们每天都在接收别人推荐的各种信息，有些信息我们会认真听一下，有些信息我们会直接过滤掉。在这些信息里就有很多别人有意或无意向我们推荐书的信息。

比如你的同桌可能兴高采烈地跟你说："嘿，我昨天看了一个故事,太有意思了,它讲了一帮人去地心旅行,你猜地心里都有什么?"这时候可能你也留心了,也想了解这是一个什么样的故事。

有时候你问老师一个问题,老师会推荐你一本书,有时候你在爸爸开车送你去学校的路上听到车里的收音机里正在谈论一本书,很有意思……

这些信息很容易被我们错过,一旦错过就不会再出现了。比如同桌跟你讲的那个故事,你稍微留心,就会找到凡尔纳的科幻经典小说《地心游记》,而一旦错过,你可能就和科幻经典擦肩而过了。

这些推荐的信息被你留意到,是因为你内心对相关话题好奇,很可能这个话题就是契合你兴趣爱好的,所以既然已经留意到了,就别错过,否则就非常可惜了。

3. 看电影、电视时联想到的

现在,不少电影、电视剧都是根据书籍改编的,在看电影或电视剧的时候如果感兴趣很容易想到,我是不是可以找来原著看看。除此之外,看电影或电视剧时也会突然想到一个相关的话题。

比如看宫崎骏的电影《龙猫》时,你可能会问妈妈,龙猫是什么?妈妈可能告诉你,龙猫是日本的一个妖怪,但是是可爱的妖怪,于是你可能忽然冒出来一个想法:有没有关于日本妖怪方面的书?

或者,你跟着爸爸妈妈在看热门电视剧《知否知否,应是绿肥红瘦》时,发现电视剧里宋朝人做抹茶、打马球、吟诗作对,你想知道历史上宋朝人的生活方式是不是这样的，想更多了解一下这方面的知识，这也是一个念头。

这些想法和念头都是灵光一现式的，但它们同时也是宝贵的线索，因为在那一刻我们非常想要读某一本书，可一旦过了那一刻，这样的想法就会淡化。那该怎么办呢？

我们需要用一种笔记把这些零散、随机的想法记录下来，这种笔记叫作"随想笔记"。

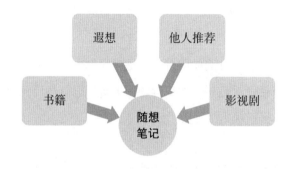

（图 1-1　随想笔记）

【工具 1——随想笔记】

随想笔记：把生活中零碎的、随机的关于想读某本书或某类书的信息记录下来。

记录办法：从读书笔记本最后一页开始，倒着写，每一条随想笔记就一句话或两句话，然后注上日期。

例：看了电影动画片《龙猫》，我想了解日本的妖怪。——2018.12.15

例：今天听同桌的王子琪讲了一个地心旅行的故事，还挺有意

思的，想看看有没有这本书。——2019.1.15

有了这些随想笔记，我们就知道自己想读什么书了，这就迈出了掌握选书主动权的第一步，而且这些信息会越积累越多，我们就不用担心想法太少了，只要我们坚持记录随想笔记，想读的书就能源源不断冒出来。但光有这个随想笔记还不够，我们还需要再迈出一步，才能真正到选书环节。

1.3 列下自己的购书清单

现在我们已经有随想笔记了，通过翻阅随想笔记我们知道了在某一刻我们想读某本书，而且我们还知道我们想读这本书的原因。

这就像我们拥有了搜集读书线索的"灵感天线"或"主动声呐"。想象一下，有一根天线在我们头上，不断搜集我们感兴趣的跟书有关的信息，搜到后我们就把信息放进随想笔记里，而且这种搜索还不是被动的，它像捕鱼船上的声呐一样，是主动发出声波的，比如在看电影、电视剧、听语音节目等的时候，我们会发出思考的波动，不断在想有没有对我们有用的跟书有关的信息。

我们经常用这个天线和声呐，它们就会变得更加灵敏，刚开始我们会有些缓慢，但相信我，坚持做随想笔记，两个月后你就能积攒下满满的想读的书了。

但这些还只是信息，不是具体的书，也不是可以指导下一步动作的指令，你不能拿着这些笔记跟爸爸妈妈说"你看这条，王子琪给我讲了地心旅行的故事"，或者"你们看这条，《哈利·波特》电影里有一个很神奇的动物"。他们仍然不知道你想看什么书，或者想买什么书。直接给他们看随想笔记没有用，随想笔记是记给自己看的，想要真正把这些信息变成行动指令，我们还需要一个步骤。

我们需要把这些随想笔记进行定期整理，变成每月一次，或者每季度一次的购书清单，这样我们就离掌握选书、购书主动权又进了一步。

什么是购书清单？

你去过超市吗？或者陪妈妈逛过超市吗？你会发现一个有趣的现象，有些人逛超市是带着明确的购物目的的，他们往往有一张购物清单（有时候未必在纸上，可能在手机里），他们对着清单能够很快找到他们需要的东西的货架，迅速买完东西结账离开超市；而有些人则是没有明确的购物目的，他们这边逛逛那边看看，可能花了一个多小时最后结账时只买了几样东西。

买书也是一样的，有购书清单的人明确知道自己要买什么书，而没有购书清单的人只能一边逛一边随机挑书。

（图 1-2 随想笔记到购书清单）

【工具2——购书清单】

购书清单：把随想笔记的信息整理、搜索，然后确定成一本本要买的书的清单。

制作办法：

第一步：定期查阅、整理随想笔记。

第二步：根据笔记上的信息搜索相应的书。

第三步：制作成购书清单表格。

比如针对随想笔记的内容"今天听同桌的王子琪讲了一个地心旅行的故事，还挺有意思的，想看看有没有这本书。——2019.1.15"，你决定找找这本书。那么你可以在豆瓣网或者购书网站（当当网、京东网）上搜索"地心旅行"，你会发现没有《地心旅行》这本书，这时候你需要换个关键词，比如去掉"旅行"，换成搜索"地心"，你就能看到排第一位的就是《地心游记》，你再点击进去看看简介，果然就是王子琪讲的那本书，这样你就把一条随想笔记变成一本想要读的书了，然后你就可以把这本书的相应信息放进购书清单表格里了。

×××2019年1月购书清单			
书名	作者	出版社	说明
日本妖怪经典	中右瑛	吉林美术出版社	图册
地心游记	凡尔纳	中国青年出版社	科幻小说

购书清单可以打印或写在便笺纸上贴在随想笔记的空白处。

购书清单跟随想笔记不一样，随想笔记的信息是模糊的、碎片的，甚至只有我们自己能看懂，而购书清单的信息是具体的，有书名、作者、出版社，很容易根据这些信息买到对应的书。所以你就可以把购书清单交给你的父母，跟他们说，这个清单上的书就是我近期想要读的书，你们帮我买，或者我自己买。这时候他们或许会问你为什么要读某本书，你很容易就能告诉他们理由（因为你的随想笔记里有记录，而且你还了解书的大致内容），他们就会知道你想读这本书不是一时兴起，你是经过了认真思考的。

我想大部分父母都会很支持这种方式。

除此之外，定期列购书清单还有诸多好处：

1. 每本书都有了想读的原因和购买的理由，建立了读书目的意识

因为购书清单上的每一本书都来自随想笔记，所以每次在搜索找书的时候我们都知道自己为什么要找这本书来看，这样久而久之我们的阅读管理能力就会大大提高，有目的、有意识地读书，就像我们给自己设定了一个清晰的目标一样，一下子就动力十足了。

2. 大大提高了自己的信息管理能力和检索能力

随想笔记要变成购书清单中间还要经过信息筛选和搜索，你要逐条过一遍随想笔记，可能发现有的信息当时觉得重要记下来了，

现在已经解决了，而有的信息记录得比较模糊，需要费一番工夫才能检索到对应的书。经常这么训练自己，能大大提高自己的信息管理能力和检索能力，这在将来非常有用。

3. 一张张购书清单是你有能力掌握选书主动权的最好证明

我们每个月都把一张购书清单递到父母手上，由他们帮我们买或者带着我们去图书馆借，而且对于清单上的每一本书，当他们问"你为什么要买这本书"时，你都能对答如流。几次之后，父母自然就知道你已经有足够的能力管理自己的阅读了，你也就顺理成章拿到选书的主动权了。

4. 大大提高了买书和借书的效率

如同前面提到的，在超市里，有购物清单的人买东西要比没有购物清单的人快得多，逛图书馆和书店也是一样。有购书清单的人效率要高很多，尤其是在网站上购书，如果没有购书清单就很容易被那些广告牵着鼻子走。

好了，现在我们已经拥有两项阅读工具了，随想笔记能帮我们记录那些琐碎的跟书有关的信息，购书清单又把这些琐碎的信息变成一本本我们确定要读的书。迈出了这两步，我们基本上就掌握选书的主动权了，下一步我们就需要把阅读乐趣向着更高级的层次迈进，把选书主动权升级成管理我们自己的选书能力。

🍃 1.4 画知识根系与尝试没读过的书

埋头沉浸于阅读一阵子后，我们需要对自己读过的书做一下整理工作，这就像我们低头走路，走一段之后就需要抬头看一下天空，看看远方，这样能帮自己看清前路。整理自己的阅读就是能帮我们看清阅读的整体结构和前路的动作。

我们设想一下，A 同学一学期读了 20 本书，听起来不算少了，这 20 本书分别是：

《淘气包马小跳之忠诚的流浪狗》以及该系列其他书 5 册，《米小圈上学记》5 册，《笑猫日记之云朵上的学校》以及该系列其他书 5 册，还有《非常女生》《亲爱的笨笨猪之装满歌声的罐子》《非常搭档》《非常妈妈》《女生日记》。

B 同学一学期读了 12 本书，从量上来说比 A 同学少，这 12 本书分别是：

《写给儿童的中国历史》《豆蔻镇的居民和强盗》《献给孩子们的世界建筑之旅》《草房子》《我的野生动物朋友》《绿野仙踪》《城南旧事》《窗边的小豆豆》《哈利·波特》系列 4 本。

我们粗略一观察便会发现，A 同学虽然读了 20 本书，但这 20 本书都是同一类型——儿童文学，而且全部是杨红樱老师的书（并非说杨红樱老师的书不好，而是同一个作家写作类型和风格都差不多），而 B 同学虽然只读了 12 本书，但里边包含了历史、建筑、儿童文学等，丰富性要好很多。从时间投入来说，可能 B 同学读 12 本书需要的时间也比 A 同学读 20 本书要多。

最重要的是我们从书中所能汲取的养分。阅读好比吃饭，吃饭时如果我们偏食只吃几样菜，那很容易营养不均衡，同理，如果我们只读某一类书，我们的精神世界也容易出现营养不均衡的情况。

所以我们需要像对我们的身体进行检查一样经常对我们的阅读进行"体检"。对阅读所用的体检办法叫画知识根系图。

【工具 3——知识根系图】

知识根系图：想象一下，我们通过阅读所学习到的知识就像一个粗壮的树根，它将来会为我们的人生带来繁茂的花和丰硕的果实，所以我们需要精心维护根系的粗壮，保障根系的健康成长。我们所接触的每一类知识就像一根分支，而每一根根须上是密密麻麻的我们读过的书。

制作办法：

第　　步：画上一个树根，然后向下延展分支（按照你所理解的知识分类）。

第二步：在草稿纸上把我们一个阶段所读完的书的书名都列出来，标上分类。

第三步：把草稿纸上的书名挂在对应的分支上，结束后观察根系。

比如针对上面 A、B 两个同学，我们的知识根系图如下：

（图 1-3　A 同学知识根系图）

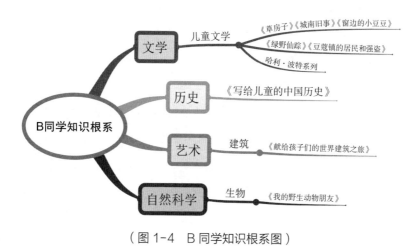

（图 1-4　B 同学知识根系图）

通过观察知识根系图我们能清楚地看到，A 同学这 20 本书只有一根很长的根须，而 B 同学这 12 本书则是好几根根须。了解植物生长常识的人都应该知道，根系越发达植物生长就越好，所以 B 同学的知识根系图更加茁壮、健康。

我建议每一位阅读爱好者都应该以一个季度或者一个学期为周期做一次画知识根系图的工作，把图画在你的读书笔记本上，画完了之后再仔细观察自己的知识根系，经常这样做你能获得以下收获：

1. 对自己的阅读成果进行了一次整体检阅

对每一本书进行归类时，我们会以很快的速度梳理这是一本什么书，内容、风格、类型等等，其实这就是一个快速温故的过程，这种方式会加深我们的阅读记忆，所以每一本书的归类是一个快速检阅，而每画一次知识根系图就是一次阅读的整体检阅。

2. 能够观察自己的知识结构，看出哪块发达，哪块薄弱

通过知识根系图我们能清楚地看到自己所拥有的知识结构。我们就像通过 X 光审视自己的身体一样，能知道哪一块知识结构我们是相对发达的，哪一块是薄弱的甚至缺失的，这对于我们达到更了解自己的目的有很显著的作用，我们一下子拥有了上帝的视角。

3. 可以在自己薄弱的分类根系里尝试没读过的书

有时候你缺少某一根根须，不一定是不喜欢，可能是你从来没尝试过或者是你完全忽略了，这样，你在观察根系图时可以格外留心一下，试着在那个被你忽略的领域里找一本你愿意尝试的书，

读完了或许就可以确定自己是真的对这个领域不感兴趣还是只是因为从来没试过。如果你是因为之前没注意到也没试过，那这样一次尝试就又能为你打开一片新天地了。

经常画知识根系图也会提升自己的阅读乐趣，因为在每一次画的过程中你会有"啊，原来我读了这些书啊"的成就感，也会感受到"啊，原来还有这么多有趣的知识我可以试着去接触、了解"这样的远景。就像我们经常打的一个比方，一个人的阅读知识面就像是一个圈，读的各种类型的书越多，这个圈就越大，于是通过这个圈所接触的外面的世界也越大。

画知识根系图最大的作用就是让我们埋头读书之余偶尔抬头看看天空，这样我们便能做到既脚踏实地又仰望星空。

1.5 尝试多次读同一本书

从某种程度上来讲，找到第一本爱不释手的书和第一次想要重复读同一本书都是阅读乐趣的开始。因为第一本让你爱不释手的书会让你感到书拿起来就放不下，而第一本你想重复读的书会让你感到书读完了舍不得。

放不下和舍不得都是兴趣最好的启蒙老师。

美国作家艾伦·雅各布斯在《阅读的乐趣》中这么描述重读一本书：

"为什么会想重读一本书，可能是因为当初阅读它时的奇妙的满足感你还想再体验一回，也可能是一种未完成感的驱使，觉得再阅读一遍时，还能有新的收获。有时，在你人生不同的阶段，阅读同一本书会有完全不一样的感受。比如，你在少女时期与做了母亲以后，对于一本有关'母爱'的书，理解是全然不同的。你 30 岁和 60 岁看一本书，感受和理解也是全然不同的。你也能从重读一本书中，看到自己思想上的发展。"

所以和找到那本让你爱不释手的书一样，找到那本你想反复阅读的书也是体验阅读乐趣的重要一环。

那么我们如何能找到那本读了又想读的书，找到后又该如何处理呢？

一般来说，能让我们读了又读的书会在我们第一次阅读它时向我们释放两种信号：

一是读完久久回味（这种感觉就跟我们吃最爱吃的菜一样），二是读完怅然若失（像是缺少了什么，有种未完成的感觉）。

因为久久回味，我们会过了一段时间又想起这本书，而因为怅然若失，我们的想起就会变成实际行动，选择再次读这本书。如果你遇到这两种感觉交织在一起的那本书，你就可以在读完第一遍后过一段时间再尝试读第二遍，也许你还会想尝试读第三遍。

《西游记》这本名著可能很多人一遍都没完整读过，而我重复阅读了八九遍，每次读完，那种师徒四人历经十几年，最终取得真经的感受都让我五味杂陈，而怅然若失的感觉来源于很多地方我觉得还是没看透。比如我想不明白：孙悟空为什么 500 年前和 500 年后差别这么大？唐僧为什么看上去这么柔弱却成为取经队伍的核心？白龙马为什么犯了一个小小的错误就要受到这么大的惩罚？《西游记》所呈现的世界到底是一个什么样的世界？

直到去年，我经过重复阅读《西游记》后，把自己的很多感受、思考写成文章，最后出版了《西游新世相——三界人物大起底》，我的重复阅读才算告一段落。但如果有一天又有新的念头在脑子里冒出，我可能会再想阅读一遍。因为重复阅读一本书的乐趣是非常独特的。

尝试重复阅读一本书，除了体验阅读的乐趣以外，我们还能有其他收获。

1. 温故而知新

每次重读一本书，我们都会有新的感受和收获。有些人可能觉得花时间重读一本书是不是浪费了时间，其实不然。既然你喜欢这本书，想重读，这就说明这本书对你来说是一个还没被开采完的宝矿，与其浪费时间去寻找新的宝矿，为何不好好挖掘完已经拥有的宝矿呢？

2. 奇妙的联想

重读除了能温故知新以外，还有一个独有的特点就是重读时思维会异常活跃。因为这本书你已经很熟悉了，所以重读时脑子会比读一本陌生的书更灵敏，大脑会一直处于联想过程中，书中你以前忽略的某一点可能会忽然给了你启发，让你联想到书中的其他地方或者别的书，而这种联想是极其宝贵的，它们是将来进入主题阅读或者研究型阅读的最好开始。

3. 养成读书笔记习惯的起点

在什么情况下你会特别想给一本书做读书笔记呢？当这本书你读完还想再读时。而且你重读时会对第一次读留下记号的位置进行思考、筛选，然后也就有了读书笔记的开始。有些书读了几遍后，才真正读懂结构，才有更多感悟，于是就又有了思维导图笔记和读后感笔记。

既然有些书我们会不止一遍重读，那读的遍数多了难免记不住到底读过多少遍，这里我有一个小技巧可以让大家记录自己读同一本书的次数。

【工具 4——记录书签】

记录书签：把一本书专属书签的空白背面用来记录自己阅读的次数。

制作办法：

第一步：给这本书夹上一张专属的单面书签（背面是空白的）。

第二步：每次读完一遍就在书签背面记录下读这本书的起止时间，例如 2018.6.8—2018.10.1。

这样我们通过看书签就知道这本书我们一共读过几遍，还知道每一次重读花费的时间。这样我们既做到了对读的书心中有数，又做到了对读一本书有时间的控制。

本章小结

乐趣是习惯最好的催化剂，所以每个人养成阅读习惯的起点如果是发现并享受了阅读的乐趣，那不仅习惯的形成会很快，这个过程也会让我们愉悦。

所以本章我们从阅读的乐趣着手，带领大家找到第一本爱不释手的书，通过两个工具找回自己的选书主动权，以及通过知识根系图来审视自己的阅读，最后通过重复阅读一本书发现阅读的深度乐趣。

本章我们提供了四种阅读工具，这四种工具能帮助每个人更好地管理自己的阅读，相信我，它们不会让阅读变得怫班，只会让阅读变得更有趣，你不妨试试看。

本章练习

1. 挑选一本你喜欢的笔记本作为读书笔记本，然后从最后一页开始写自己的随想笔记，并贴上你的第一张购书清单。相信我，你这么做以后你的父母一定会支持你买购书清单上的书的。

2. 在自己的读书笔记本上找一个空白页，花一个小时时间，想想自己都读过哪些书，画一次自己的知识结构树根图，然后思考一下你可以尝试读哪个新领域的书。

第 **2** 章

循序渐进读完一本书

阅读很简单，只要你学会了认字，你就可以拿起一本书来读，这便是开始阅读了。

但阅读也没那么简单，读多了你就会慢慢发现，同样一本书，有的人读完了收获很多，有的人读完了跟没读过一样，完全不知道这本书讲了什么；有的人读得津津有味，有的人却读得云里雾里。

这是因为阅读并不是简简单单地拿起一本书就读，它是一种主动行为，需要阅读者拥有很多的技能。而且主动阅读需要调用我们的观察、思考、想象、记忆等能力，主动阅读还有层次之分。本章我们从最简单的如何循序渐进地读完一本书开始了解主动阅读。

🍃2.1 阅读的四个层次

首先我们需要了解的一个事实是：就像我们的学习需要从低年级慢慢到高年级一样，阅读也是有渐进的层次的。

关于阅读的层次有很多不同的说法，其中比较容易理解的是莫提默·J.艾德勒和查尔斯·范多伦教授的四个层次的提法。

《如何阅读一本书》把阅读分为基础阅读、检视阅读、分析阅读和主题阅读四个层次。

在逐个讲解每一个阅读层次前，我们必须了解这样一个事实，那就是阅读的层次并不是一层层很清楚的，它不像台阶一样，往上走一个台阶，之前那个台阶就越过去了，阅读的层次是包含渐进的，就是说检视阅读里包含了基础阅读的能力，在进行检视阅读的过程中基础阅读也得到了提升，这跟我们从低年级到高年级很像，三年级的内容是在二年级基础上的，而我们学好三年级的内容会使得二年级阶段需要的能力又得到提升。

明确这点后，我们就可以开始逐层了解阅读层次了。

1. 基础阅读，从读懂词句到可以独立阅读

基础阅读是阅读的开始阶段，它从我们在幼儿园时就开始了，直到大约小学毕业我们可以独立阅读才算基本完成。

在这个阶段，我们会先从一些没有文字的绘本读起，然后学习认字，再学习认识和掌握更多的词语、句子。刚开始，我们会对读一些长的文章或者图书有困难，但随着我们的学习和积累，慢慢地，我们就能自如地读下一整本书，以及更多书。一般到小学毕业，我们基本上能够阅读所有读物了，虽然有些字我们还不认识，但这并不妨碍我们读懂整本书，尽管还不够熟练，但我们已经可以完整顺畅地读下来了。

这时候我们就基本完成了基础阅读阶段。

基础阅读阶段往往需要老师、家长或者工具书的帮助，而学校里的语文教育以及我们自己的自主阅读都会加快基础阅读阶段的完成，有些同学在三年级左右就能完成基础阅读，那是因为他自主阅读开始得比较早。

不过基础阅读阶段的阅读者还不是成熟的阅读者。尽管我们已经可以自己阅读，但还需要学习更多的阅读技巧才能超越基础阅读，向更进一步的阅读迈进。

2. 检视阅读，快速掌握一本书在谈些什么

进入检视阅读，我们才算真正进入主动阅读的层次。检视阅读就是在一定的时间之内，抓出一本书的重点。这需要我们去观察这本书，学习到书的表层内容所教给我们的一切，并在阅读中向自己提出问题：这本书在谈什么？这本书的构架如何？这本书包含哪些部分？

所以检视阅读是有判断的阅读，我们有时候会通过略读或粗读来判断一本书值不值得花更多时间去阅读，这也是检视阅读的一种；检视阅读是有目的的阅读，我们需要找到书的重点，找到我们需要的内容；检视阅读也是主动的阅读，一个昏昏欲睡的读者是做不到检视阅读的，我们必须主动调用我们的思考、联想、注意力才能做好检视阅读。

我们要进行检视阅读首先要精通基础阅读，这样才能做到在阅读作品时相当顺手，用不着停下来检查许多生字的意思，也不会被

文法或文章结构阻碍，否则我们是无法进入检视阅读层次的。

一般来说，大部分人在小学后期以及初中阶段就可以尝试检视阅读了。

3.分析阅读，对一本书最深入的个人理解式、解读式阅读

分析阅读是一个人对单本书所做的最深入的个人解读。分析阅读还包含了三个阶段。

分析阅读的第一阶段，我们需要读明白一本书在谈些什么。

（1）能做到依照书的种类与主题归类。

（2）能使用最简短的文字说明整本书在谈些什么。

（3）能将主要部分按顺序与关联性列出来，将全书的大纲列出来，并将各个部分的大纲也列出来。

（4）能明白作者想要解决的问题。

分析阅读的第二阶段，我们需要去诠释一本书的整体结构和内容规则。

（1）能理解作者的结构布局，并将它还原出来。

（2）能从作者的关键词和最重要的句子中，抓住作者的重要主旨。

（3）能知道作者的出发点是什么，或者在论述什么，能与作者进行沟通。

（4）能掌握作者已经解决了哪些问题，还有哪些是没解决的。

分析阅读的第三阶段，我们需要像沟通知识一样去评论一

本书。

（1）能讨论一本书所谈论的话题。

（2）能延伸谈论一本书相关的背景或关联话题。

（3）能理性、系统地评价一本书的逻辑和行文。

（4）能理性、冷静地评价一本书的作者。

现在大家看分析阅读的三个阶段内容可能还是一头雾水，但没关系，我们先大致了解一下，之后我们会慢慢明白这其中的逻辑和含义。

从分析阅读三个阶段的内容来看，如果我们比较彻底地完成了对一本书的分析阅读，我们就实现了对一本书内容、话题、结构、思想、观点等的全方位了解，而且还会形成我们个人对这本书的评价和观点，所以分析阅读是对一本书最深入的个人解读。

不过我们需要注意的是，分析阅读并不是一次阅读，它可能是对一本书多次、重复的阅读，而且分析阅读对时间并没要求，有的人可能用两三天时间就完成了对一本书的分析阅读，有的人可能用几个月甚至几年才完成对一本书的分析阅读。

关于分析阅读，我们如果暂时记不住它的内容，那就记住一件事——**分析阅读的内核是彻底读懂一本书，并且形成个人的解读。**

另外，在分析阅读过程中，我们经常需要做各种各样的笔记，包括结构笔记、摘抄笔记、书评笔记等，所以如果一个人到达了经常进行分析阅读的层次，那他就已经是一个专业的阅读者了。

4. 主题阅读，从一本书扩展到多本书，共题式阅读

主题阅读面对的不是单本书，而是多本相关联的书。它要求我们在一个阶段同时阅读很多书，列举出这些书之间的相关联之处，提出一个所有的书都谈到的主题，甚至还要构架出一个可能在哪一本书里都没有提过的主题分析。

这么讲很抽象，我们通过两个例子来了解：

比如你想对我们国家农村的情况做一个了解，或者你有更明确的主题，你想对中国农村的农民受教育程度做一些研究。我们无法一下子就直奔这个主题，我们可能需要先了解中国农村的社会结构、人口状况、经济状况、识字率等多方面知识，这些知识都有一个共同的话题"中国农村"，它们不会包含在某一本书里，它们会分散在多本书里，包括费孝通的《乡土中国》《江村经济》，美国学者施坚雅的《中国农村的市场和社会结构》，黄树民的《林村的故事：一九四九年后的中国农村变革》等。

于是你需要同时去读这些书，而且还要时刻回到自己的主题上进行整理、推敲，把对你研究有用的信息用一个逻辑串起来，这就是一种主题阅读。

再比如你读托尔金的经典小说《魔戒》，你读完后总结发现魔戒讲述了这样一个故事：因为魔戒的出现，一群原本不相干的人组成护戒远征军前往落日山，他们一路上分分合合，最终克服了所有艰难，正义战胜邪恶，看上去弱小的霍比特人创造了奇迹。

这时候你联想到你读过的另一本书《绿野仙踪》，它讲述了这

样一个故事：美国堪萨斯州的小姑娘多萝西被龙卷风卷到了一个叫孟奇金的地方，好女巫指点她到翡翠城去找奥芝国大术士帮忙送她回家。路上，她先后遇到了稻草人、铁皮樵夫与小胆狮。他们结伴而行，克服了一个个困难，终于来到了翡翠城。

你可能还联想到了《西游记》，它讲述的故事我们都很熟悉：唐僧要去西天取经，一路上遇到孙悟空、猪八戒、沙僧、白龙马，结伴而行，经历九九八十一难，终于来到西天，取得真经。

这几个故事有一个共同的内核式主题，都是关于原本陌生的人组队去完成一个任务，一路上经历各种艰难，甚至他们的团队核心都是看上去最弱的那一个。于是你可能会去寻找、发现更多类似的小说，去分析它们之间的共同点、差异性，甚至这些分析足够你完成一篇学术论文了，这也是主题阅读的一种。

通过这两个例子，我们不难总结，主题阅读是一种研究式的阅读，事实上我们到大学、硕士、博士阶段，以及以后做学问或者工作中面对一些课题所进行的阅读，大都是主题式阅读。

以上关于阅读的四个层次的内容主要来源于《如何阅读一本书》，基本上受到了大家的认可，不过关于阅读是否需要一步步地从基础阅读到检视阅读再到分析阅读、主题阅读逐层前进，大家却有不同的观点。

在我看来，阅读兴趣和阅读习惯的养成，其实是先于阅读技巧和阅读层次的，而在阅读习惯养成阶段，我们如果掌握一些技巧并坚持练习，就可以同时练习到基础阅读、检视阅读和分析阅读，甚至部分主题阅读的能力，然后经过时间的积累、阅读量的积累，我们可以更早抵达更高层次的阅读。

所以，接下来我要带大家去做的事情是在每一次阅读中植入一些阅读技巧，从循序渐进读完一本书到深入解读一本书，并让大家形成习惯。这些技巧和习惯中既包括了基础阅读、检视阅读，也包含了分析阅读、主题阅读。

当然，我们要先从如何读完一本书开始。

2.2 从封面到序言、目录和后记，掌握概要

一本书应该从哪里开始读？

这是一个简单的问题，一本书当然是从第一页开始读喽，但这也不是一个简单的问题，它包含着我们进行主动阅读的第一部分——如何理解一本书。

上一节，我们在阅读的四个层次里提到了检视阅读，它包含了略读，通过略读，我们可以判断一本书大致的内容和值不值得我们花更多的时间去读。这是一个有趣的过程，我们可以像侦探一样，仅仅根据一本书提供的表面线索去判断这是一本什么样的书，而且说不定我们还会得到额外的收获。

那么，我们具体通过一本书的哪些表面线索去判断呢？

这些表面线索就是在平时阅读过程中经常被大家忽略的封面、封底、序言、目录和后记等。下面我们一起来逐一看一下。

1. 封面、封底、宣传语

很多人买书时会被封面的设计吸引，或者被封面印的宣传语影响，然后就买了这本书，但真正开始阅读时往往又忽略了封面、封底以及宣传语的信息。

封面、封底是一本书和读者的初次见面，它就像一个女孩精致的妆容，透露着很多信息。很多有经验的人通过观察女孩的妆容就能判断出这个女孩的性格，甚至家境、学历等。同样，有经验的阅读者通过一本书的封面和封底也能推断出这是一本什么样的书。

封面、封底含有的信息包括：书名、设计、出版商认为重要的宣传信息、其他人（往往是名人）对这本书的推荐语等。

我们看下面两个封面，同样是《夏洛的网》这本书，第一本的封面采用的是素色，配了一列文字："一个蜘蛛和小猪的故事，写给孩子，也写给大人。"可以推测它的目的是想传递这本书虽然是写给孩子的童话，但也是经典著作，适合大人阅读。

第二本的封面用的是彩色，英文字体更儿童化一些，配的文字是："二十世纪最受爱戴的文体家，写下二十世纪最受爱戴的童话，傲居'美国最伟大的十部儿童文学名著'之首。"这一段话明显是写给大人看的，传递了这本书重要的地位，似乎在不断地告诉大人："买这本书给孩子读吧！这是经典呀，孩子肯定会喜欢的。"

（图2-1 《夏洛的网》封面对比）

现在，我们还没翻阅这本书的内容，仅从封面提供的信息，我们就可以像侦探一样进行一番推理，《夏洛的网》可能是这样一本书：

（1）这是一本关于一只蜘蛛和一只小猪的故事的书，书的名字叫《夏洛的网》，蜘蛛会织网，那夏洛应该是蜘蛛的名字。

（2）夏洛所织的网应该在故事里起到了很重要的作用，也许它创造了奇迹。

（3）这是一本美国作家写的儿童文学名著，所以这是一个童话故事。

除了封面和封底，现在很多书往往还有腰封用来协助宣传，我们也可以用同样的方式解读一番。

2. 目录

很多人读书不读目录，或者随便看一眼就跳过去了，他们认为目录不过是索引用的，这实际是对目录极大的误解。

一本书的目录其实是一本书的结构，也是一本书的地图，它就像一个城市的地图一样，你读懂了目录，就能明白作者是怎么构思这本书的。

我们到一个陌生的城市，往往要先研究地图，看看这个城市的景点分布在哪里，交通动线是怎么样的。比如我们看北京的地图就会发现北京是一个用环形公路布局的城市，二环、三环、四环、五环逐层往外，大学大部分都在海淀区，商业朝阳区更多些，一条长安街和一条平安大街像一双筷子夹住了北京从东往西很多重要的场所。比如我们看云南大理的地图就会发现这是一个由苍山洱海布局成的城市，形成了"风花雪月"四大特色，分别是下关风、上关花、苍山雪、洱海月。这些都是通过研究地图能够掌握的信息。

同样，我们读一本新书，研究目录就是研究这本书的地图。

比如下面这本书《给孩子的中国历史故事》，我们试着研究一下它的目录：

目　录

第一部分　从尧舜时代到春秋战国

一　舜的家庭生活

二　夏少康的中兴

从目录中我们可以得到以下几个信息：

（1）这本书每一个部分都是用时间段划分的，从尧舜时代一直写到民国北伐。

（2）单独到篇，大部分都是以人物故事作为切入点，比如"舜的家庭生活""夏少康的中兴""周幽王的失国"等，只有少数没有明确的主角。

（3）这是以故事形式写给孩子们读的历史。

更细致地观察，我们还能推算出每一篇大约多少字数，以及其他信息。而观察完这本书的目录，我们就知道这本书不必从头到尾读，既然是按照时间划分的，每篇又是单独的故事，那就可以从任何一篇开始读，从哪篇开始都没什么关系，只要我们心里有历史年表。

目录的研究比较适合自然科学以及社会科学类的书籍，或者说理类的书，这些书的目录往往就是作者思考和逻辑推演的结构。而文学书籍，尤其小说，很多都没有目录，但这也并不是全部，有些小说的目录虽然只有短短几行字，却很重要，结合内容再回过头来细细研究也能回味无穷。比如米兰·昆德拉的小说《不能承受的生命之轻》的目录：

第一部：轻与重

第二部：灵与肉

第三部：不解之词

第四部：灵与肉

第五部：轻与重

第六部：伟大的进军

第七部：卡列宁的微笑

这个目录对于解读这本小说相当重要，但限于篇幅，我们不展开叙述。

3. 序言、后记

序言和后记也是读者特别容易忽略的内容，却是写作者很重视的部分。就我的写作经验来看，每次写到序言或者后记，我总是希望能把自己的创作意图、想法用最凝练的语言表达出来，而且在写序言或后记时我会很投入，因为这是作者在一本书创作完成后的总结。

序言，无论是作者的自序，还是作者请专家或名人写的推荐序，都是为了在书的开始给这本书做一个推荐，所以往往其内容里有作者最精华的想法或者他人最精彩的评价，错过了实在可惜。而后记一般记录了作者的创作过程，其中需要感谢谁或者有哪些遗憾之类，从这些信息里能推断一本书的创作过程，这都是难得的信息。

有时候后记里还会列出这本书创作的参考书目，这些也是极有用的信息。

总的来说，一本书只是封面、封底、宣传语、目录、序言、后记这些，就能让有心的读者掌握概要，而且其中好些信息是正文里没有的，所以不妨先读这些信息，既能判断这本书值不值得继续读，又能在正式阅读前先吊足自己的胃口。

比如，我在2016年出版的第一本短篇故事集《岛上故事》，大家就可以用这个方式进行一番侦探式的探索。

我们先看封面、封底和腰封。

（图 2-2 《岛上故事》封面）

封面除了简单的一个海岛的设计，就是一句话："我们想用文字挽留时光，只因家乡已成故乡"。结合封底的文字："我们回望来时的路，是为了走好脚下这一步。一座小岛，一篇篇独家往事经典重现。故乡，也许你会离开，但你总不会忘记"，我们不难推断出这是一本关于故乡的故事集，作者是一个在海岛长大的人，多年后离开了故乡，但通过故事回忆的方式记录往事。

腰封的文字还透露了作者毕业的学校是"北大"，以及故事的数量是 17 篇，还有小岛的生活状态应该是一个"小镇"。

我们再看目录。

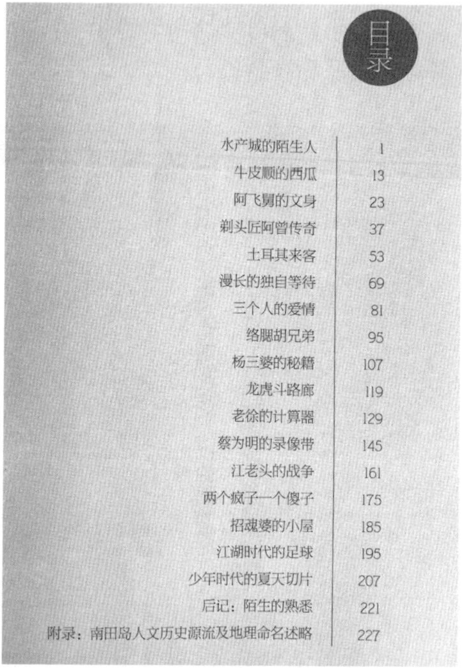

目录

（图 2-3 《岛上故事》目录）

我们能够看出一共 17 篇故事，大部分篇目在题目里都有人物，甚至可以看出人物的职业有剃头匠、招魂婆，可见写的是小镇上生活着的各种人的故事，有一篇名为《少年时代的夏天切片》，写的多半是少年回忆……

这时候我们已经把这本书推断得七七八八了，最后再看一下后记基本上就能判断出这本书是否是你喜欢并想读的类型，以及可以决定是否有必要继续花时间读下去了。

2.3 通读一遍全书

我们已经对一本书的封面、封底、目录、序言、后记做了检视阅读，如果确定这本书是我们需要完整读下来的，那么我们就要进入通读全书的环节了。

通读全书，顾名思义就是将书从开头至结尾完整地阅读一遍，这是每个完成了基础阅读阶段的人都能轻松掌握的阅读基本功，但这中间还是有三个需要注意的事项。

1. 通读的速度

阅读速度对于每个人来说都是不一样的，有的人能一分钟读几百字，有的人能一分钟读上千字。对于同一个阅读者，读不同的书可能阅读速度也不一样，一本轻松愉快的小说可能很快就能读完，一本艰深晦涩的学术著作可能需要几周甚至几个月才能读完。

在通读全书的过程中，我们并不需要追求绝对的速度，因为是第一遍阅读，所以最主要的是追求阅读的流畅度和自己的专注度，速度太慢了不流畅，速度太快了思绪又容易跳出阅读内容之外，囫囵吞枣，没有读懂书的内容。

我们所追求的通读速度可以概括为这样一句话，**慢不该慢到不值得，快不该快到不理解**，也就是在保障能理解阅读内容的情况下尽可能追求速度。

2. 通读过程中的停顿

在通读的过程中，为了追求流畅性我不建议大家中途停顿，当然，在书中做标记这种短暂的停顿是可以的。

不过大家经常会遇到一种情况就是在通读过程中遇到不认识的字或者陌生的词汇，这时候很多人会选择停下来去网上搜索或者查阅工具书，这也是不建议的。因为这会使得通读产生长时间的停顿，而这些陌生的字词我们一般都可以通过上下文推断出意思，不影响阅读，如果我们想要知道它们最准确的含义，可以先标记下来，在通读完成后再去查阅。

另外，在通读过程中我们经常会遇到需要停止的情况，比如吃饭时间到了、该睡觉了等，这种情况下对于停顿的建议是尽可能停在内容相对完整结束处，比如一节的结尾、一章的结束，甚至是某一段的结束，尽量不要在内容中间停止。同时我们最好把书签夹在停止页，便于重启通读时快速开始。

3. 通读过程中做记号

通读过程中经常遇到需要做标记、记号的情况，比如读到了让你有感触的句子，遇到了用得精妙的词语，甚至一整段文字都让你心有戚戚焉，或者是不认识的字词标记了需要回头查阅等。

通读过程中做记号还有一个额外的好处，就是会让阅读者更清醒，不会昏昏欲睡，当我们拿着笔进行阅读时，专注力会比空手阅读好很多。

在书中做标记，每个人都有各自的习惯，倒不必非得统一一种形式，不过每个人最好把自己的标记习惯固定下来，这样会更有效率一些。

以下是一些供参考的可以采用的方法：

（1）画底线——在你认为重要的句子，或者有感触的句子下画线。

（2）画波浪底线——跟底线有所区别，代表"需要再读一遍并思考"或者"有不同看法"，总之有所区分就好。

（3）做整段标记——如果某一整段你都觉得很重要，但要画底线太长了，便可以在这一段外面做一个标记，比如〔　〕标记，或者【】。

（4）做整页标记——如果某一页你觉得需要在重读时重点关注一下，就可以对一整页做记号，采用的形式是折角或者贴便笺。

（5）圈或框——一本书到处是线也会让人眼晕，所以对一些字、词标记就不必用画线的形式了，可以用圆圈或方框标记。

刚开始做标记时我们会有些不顺手，但慢慢建立自己的标记系统，并经常使用后我们就会越来越熟练，不必想着什么标记对应什么含义，通读的时候信手拈来就使用了。

结合上面这三个注意事项，我们就可以愉快地通读完一本书了。

2.4 合上书，带着问题回味

通读完一本书并不是一次阅读的结束，合上书以后再带着问题回味片刻，或者跟你刚读完的书做一次沟通，这才是一次阅读的完整收尾，就像我们长跑结束后不能马上坐下或躺下休息，而是要再缓缓走上一会儿一样。

这个过程很重要，我们需要以舒缓的节奏去消化阅读时相对紧绷的神经，也需要趁着新鲜的记忆和感受来强化阅读的收获。因为我们刚读完一本书时，各种感受五味杂陈，而一旦过了一些时日，再去回味可能就失去了第一感觉的宝贵机会。

具体说来，我们可以通过三个问题来逐层回味刚读完的书。

1. 整体上，这本书在谈些什么？

每一本书，无论是讲故事还是说道理，都有一个自己聚焦的话题，一本书就是由一个话题或一个内核逐层展开的，而我们刚读完一本书，需要对它进行收缩，把它收缩成用一句话或者几句话就能表达的内核。

比如前面提到的《夏洛的网》这本书，我们用几句话概括或许可以总结成这样：这是关于小猪威尔伯和蜘蛛夏洛的故事，为了改变威尔伯被宰割的命运，夏洛用自己的丝在猪栏上织出了被人类视为奇迹的蜘蛛网文字，终于让威尔伯在集市的大赛中赢得特别奖和一个安享天命的未来，而夏洛自己却走到了生命的尽头。这个故事关于友情也关于奇迹。

这样一收缩总结，我们就能找到这本书的内核了，即友情创造奇迹。

其实这样的训练，学校的语文课上老师经常带着我们做，比如对一个段落或者一篇文章进行总结，这跟通读完一本书对书的整体进行概括本质上一样，但又略有不同。在语文课上，我们需要将总结规规整整写下来，而且一般有标准答案；我们自己阅读可以不必写出来，只是回味一下。有时候一本书不是很好总结，但你一回味会发现原来是这样，而且没有标准答案，你怎么理解就是你对这本书的理解。

比如 J.K. 罗琳的《哈利·波特》系列，总结这整个系列的故事你会觉得很吃力，不知道从何写起，但如果回味一下，你会发现从第一部《哈利·波特与魔法石》一直到第七部《哈利·波特与死亡圣器》都是讲述哈利·波特在霍格沃茨魔法学校前后六年的故事，像不像我们从一年级读到六年级？

所以合上书，我们一回味，可能会感叹，原来这个故事整体上是魔法世界里一个叫哈利·波特的孩子和他的朋友们的成长故事。

2. 细节上，这本书哪些地方让我印象深刻？

回味完整体，我们再回味一下细节。

细节的回味会调动起我们在通读这本书时的感受，那些让我们兴奋、激动、热血沸腾，或者伤感、悲痛，或者让我们觉得"跟我想的一样"的内容都会在这时跳出来。因为我们是通读完全书再回味的，所以这时候我们就拥有了一种上帝视角，我们知道那些细节之后发生了什么，于是我们可能更能理解这些细节为什么让人感动、悲伤了，这种回味甚至能让我们揣摩到作者的心思。

比如《魔戒》第一部《魔戒再现》我们读完后回味全书，可能会对发生在霍比特人居住地夏尔的那场比尔博巴金斯的 111 岁生日派对印象深刻。你会回味起那个夜晚的欢声笑语，巫师甘道夫带来的璀璨烟花，以及甘道夫抽着烟斗和弗罗多巴金斯愉快聊天的场景。这个细节为什么会在你读完全书后让你回味起来？因为你知道后面的故事进展，你明白那是弗罗多巴金斯和他的伙伴山姆最后的美好时光，之后他们就离开了夏尔，踏上了千辛万苦的旅程，所以那个细节会格外让你有感触，你也可能会突然明白作者为什么要把那场生日宴会写得那么生动，那么热烈、欢快了。

有时候，细节也可能是书中的一句话或者一段话，通读完全书后，你可能会对那句话久久回味。比如菲茨杰拉德的代表作《了不起的盖茨比》的结尾：

"盖茨比信奉这盏绿灯，这个一年年在我们眼前渐渐远去的极乐的未来。它从前逃脱了我们的追求，不过那没关系——明天我们跑得更快一点，把胳臂伸得更远一点……总有一天……

"于是我们奋力向前划，逆流向上的小舟，不停地倒退，进入过去。"

这几句文字单独看并没有什么，但在刚通读完这本小说回味细节时，或许你能联想到盖茨比每天晚上在自己的豪宅看着对岸的绿灯，那代表了他的追求和希望，但无论他怎么努力，最终还是一场空，再结合"于是我们奋力向前划，逆流向上的小舟，不停地倒退，进入过去"，可能就让你回味无穷了。

3. 这本书对我有什么启发？

一千个读者就有一千个哈姆雷特，每一个人读完一本书得到的感受和启发都是不一样的，观点也是不一样的，所以我们应该在通读完一本书时向自己问出这个问题——这本书和"我"之间的关系，这样才能让这本书属于"我"。

比如读完《西游记》，有人喜欢孙悟空，有人喜欢猪八戒，也有人喜欢唐僧，但如果不细细想一下自己为什么喜欢，就失去了分析自己和书的关联的宝贵机会。《西游记》这本书我前前后后一共读过九遍，每次合上书我都问自己"这本书对我有什么启发"，每次得到的答案都不一样。刚开始启发我的是孙悟空从曾经的斗天斗地到后来套上紧箍圈西天取经，我觉得这个特别憋屈，就像我们都从无忧无虑的童年时代进入了规矩繁多的学校学习一样；后来我再读却慢慢理解了孙悟空，发现了他的进取、他的坚持，甚至他狡猾的一面。

总之，每一次都试着问问自己"这本书对我有什么启发"，你会收获到很多的。

通读完一本书，合上书，问完自己这三个问题，才算真正完成了对这本书的通读过程，这样的收尾方式是对刚通读完的这本书最大的价值索取。

本章小结

阅读是有层次的，它有四个层次，从基础阅读到主题阅读一点点迈进，每进一个阅读层次就要求我们拥有更高的阅读能力，我们可以通过阅读习惯的养成来打通练习这些阅读层次。

本章我们从如何循序渐进读完一本书开始，先通过对封面、封底、目录、序言、后记这些以前阅读不注意的部分进行侦探式的探索来判断一本书，然后用合理的速度通读完一本书，同时，读的时候我们要对书中的内容做标记，最后在通读完我们用三个问题来回味这本书。

这是通读一本书的完整过程，在这个过程中我们练习了部分检视阅读，也练习了部分分析阅读，当然基础阅读也得到了锻炼，更重要的是如果每一本书我们都养成这样的阅读习惯，我们的阅读质量将会大大提高，这也是我们进行读书笔记和其他更高级的阅读的开始。

本章练习

1. 找一本没读过的书，只看封面、封底、目录、序言、后记，然后像一个侦探一样根据这些线索推测一下这是一本什么样的书，再读一读，看看跟你推测的是否一样。

2. 用合适的速度通读完一本书，然后带着三个问题回味一遍，感受一下跟平时读完就合上书不回味有什么不一样。

第3章

开始做读书笔记吧

读书笔记是读书的助手，它能对读书的任何一个环节起到辅助作用。读书笔记也是阅读的最佳搭档，如果只阅读不做笔记，阅读的效果也会大打折扣。

之前的内容里我们提到过随想笔记、购书清单，这些都是读书笔记的一部分，这些笔记能帮助我们找到想读的书，而接下来的内容我们还将学到其他笔记形式，它们能记录我们在阅读中的发现，能把读到的信息以准确的形式转变成我们思想的一部分，能让我们记录下每一本书的阅读感受。

不夸张地说，读书笔记能彻底改变我们的阅读生活，从某种程度上来看，做读书笔记的习惯就是阅读习惯。

所以，就让我们从现在开始做读书笔记吧！

3.1 读书笔记的类型和作用

尽管现在已经是电子化时代，我们的很多作业都用电子形式提交了，但我仍然建议每个人都要把自己喜欢的一个本子作为读书笔记本。一个自己喜欢的本子，或者将一个本子改造成自己喜欢的样子，你就会对它有感情，每次做读书笔记时，都会有一种由内而生的喜悦，这种感觉也会加大你做读书笔记的愿望。

所以读书笔记的第一点是，选择自己喜欢的笔记本当读书笔记本。

我的第一本正式的读书笔记本是初中时参加一次竞赛的奖品，在那个年代，好看的本子不多，好在那个本子很好看，我就把它当作读书笔记本。直到今天我还保存着那个本子，而我的读书笔记本到今天总共已经有近百本了。

你可以在读书笔记本封面上画画、涂鸦、贴纸，把它变成你喜欢的样子，也可以就干干净净写上自己的名字，然后写上 NO.1 之类的编号，总之你得喜欢这个本子。

第二点需要注意的是，**你的读书笔记最好是一元化笔记。**

什么叫一元化笔记?

在阅读过程中我们会做各种形式的读书笔记，比如前面我们提到的随想笔记、购书清单，后面我们还会讲到摘抄笔记、思维导图笔记、读后感笔记等。有些阅读者喜欢保持形式的统一性，所以可能这一个本子都是摘抄笔记，另一个本子都是随想笔记，我们在学校做作业时似乎也是这样的，同一个类型的作业同一个本子。

这样固然清楚，却不利于保持阅读习惯。我们提倡的**一元化笔记，就是把阅读相关的笔记都记录在同一个本子上，直到这个本子快用完，再开启下一个本子。**

这是更符合习惯养成的一种方式。一元化笔记的好处是阅读被集中在了一起，所有跟阅读相关的笔记都在一起，这样我们每次阅读时只需要拿出一个笔记本，简单、方便，更容易让我们养成做读书笔记的习惯。此外，这样我们对读书笔记的使用频次也会更高，会越用越喜欢。

第三点需要提醒大家的是一个小技巧，前面我们提到笔记本更换，是"快用完"而不是真的用完，也就是说每本读书笔记本都留几页甚至十几页空白页，而不是彻底用完。

有的同学觉得这样岂不是很浪费？还没写完就换新的。其实，留下的空白页是有用途的。因为我们在使用读书笔记本时，有时候会有一些新的想法需要记录下来，但如果本子已经用满了，这些新的想法就没法记下来，所以留一些空白页作为备用是一个好习惯。

虽然我们的读书笔记本是一元化笔记，但本子里记录的可不止一种笔记形式，除了之前我们提到过的随想笔记、购书清单这两种带我们找到想读的书的笔记形式以外，我们经常做的笔记还有三种形式。

1. 常用的三种笔记形式

（1）摘抄笔记

摘抄笔记就是原样记录书中那些让你有感触的句子或段落，是一种大部分人都做过的读书笔记形式，很多语文老师都会要求同学们做好句子的摘抄。

摘抄笔记是对一本书细节的记录，有的人可能会疑惑，既然我在阅读过程中已经对书中有感触的句子做过画线标记了，为什么还要再摘抄一遍呢？

做摘抄笔记作用有两点，一是通过摘抄对通读时划线的句子再做一遍筛选，再读时你可能会觉得有些句子不够好不值得摘抄下来，这样就不必把所有划线的句子都抄到笔记本里；二是在摘抄的过程中会加深记忆，以及有新的联想。

（2）结构笔记

结构笔记我们一般倡导用思维导图的方式来做，所以也可以称之为思维导图笔记。

如果说摘抄笔记是对一本书细节的掌握，那么思维导图笔记就是对一本书整体的把握，用思维导图的方式梳理整本书的结构和内容，形成可视化的笔记。

（3）读后感笔记

读后感笔记是记录阅读者对一本书阅读后的综合感受，包括评价的笔记，专业的读后感笔记就是书评。

读后感笔记的作用是对读完的这本书注入情感，使这本书真正属于阅读者自己。

你可能已经发现了，这三种笔记各自承担着一方面的功能，摘抄笔记承担着对一本书细节的掌握，结构笔记是对一本书整体的梳理，而读后感笔记则是梳理你本人的感受，经过这三种笔记的综合作用，一本书就被牢牢锁定在你的读书笔记本里了。

本章后面的内容我们会详细讲解这三种笔记的特点和做法，这里我们先做一个概要式的了解。

除了这三种常用的读书笔记，我们还有很多相对随意的笔记形式。其实一开始我们甚至不需要考虑形式，哪怕用最简单的方式做笔记，它的作用在习惯的力量下也会慢慢显现出来。

只要你坚持做读书笔记，你就会慢慢受益。

2.坚持做读书笔记的四点好处

（1）读书笔记能让阅读变成主动阅读

笔记有一种神奇的驱动力，尤其当你已经养成了做笔记的习惯之后。因为要做笔记，在阅读时我们的脑子里就会植入一个念头："一会儿我要做笔记，读的时候要格外注意"，于是在阅读时这个念头就会转化成专注力。

你会在阅读的时候寻找哪些句子可以摘抄入笔记、整体上这本书又该如何解读、哪些地方有感触等。这时候你不知不觉就已经进入了主动阅读模式，久而久之你的主动阅读能力自然就得到了提升。

（2）读书笔记能让我们真正拥有一本书

我们买了一本书其实只是物质上的拥有，真正让我们拥有一本书的是我们汲取了其中的营养。读书笔记本就像我们存放书中营养的存储器，我们只有把读过的书转化成笔记，才真正保存下这本书的营养，才真正拥有这本书。

没有读书笔记，有时候我们会怀疑自己是否真的读过某本书，而有读书笔记，读过书的证据就明明白白清清楚楚记在笔记本里了。

（3）读书笔记能形成自己专属的数据库

每读一本书做完笔记后，我们就把书中对自己有益的部分存放了起来，而且这种存放同时在我们脑海里也占据了一个位置，所以当我们需要用时，我们能迅速想起来某个句子在某本笔记里，某一个观点又记录在了某本笔记里。

这时候读书笔记本就像一个专属的数据库，我们随时可以调用我们需要的信息。

（4）读书笔记能让人更喜欢阅读

做读书笔记是会上瘾的，坚持阅读，坚持做笔记，然后我们就能看着自己的笔记本一本一本地增加，这种成就感是无与伦比的。我很多时候都感觉被那些自己喜欢的空白笔记本召唤，干是拿起一本新的书来读，读完做了笔记后感觉心情愉悦。

3.2 从最简单的读书笔记开始

虽然读书笔记作用很大，养成习惯后也会上瘾，但开始做笔记却很困难。

很多人一听读书笔记就头大，觉得很麻烦，其实这是对读书笔记的一种误解，读书笔记最终不是做给任何别人看的，而是做给自己看的，是对自己阅读的一种整理，所以其实怎么记笔记都可以，也都有作用。

本质上，读书笔记有点像日记，我们可以把日记理解成我们自己对所度过的日子的一种笔记，所以日记是私人的，你可以写一大篇，也可以写一句话，也可以不写而用画画的方式代替。事实上我们看很多名人日记，也都只写一句话。

当然，跟日记一样，随着我们更多地使用读书笔记，我们就会慢慢对自己有要求，慢慢也就形成了精致优美的读书笔记，所以这是一个循序渐进的过程，我们可以从最简单的开始。

最简单的读书笔记可以是读完一本书后只记录一句话，我们称之为一句话笔记。

【工具5——一句话笔记】

一句话笔记：用一句话对读完的书发表自己的感想。

制作办法：记录下阅读时间、作者、书名以及自己的感想。

例：2018年8月6日，我读完了J.K.罗琳写的《哈利·波特与魔法石》，这本书让我对魔法的世界产生了浓厚兴趣。

也许看到这儿大家会疑惑，这也太简单了吧？！这能有什么用呢？

虽然只记录了这一句话，但它包含了不少信息。

首先，它帮助我们记录了阅读某本书的时间，这能让我们即便过了很长时间翻看笔记还是能想起在某一天我们完成了对某本书的阅读。所以，它记录了我们阅读的证据，而一旦记录下来，印象就加深了一分。

其次，它帮我们记录下了阅读的真实感想。请注意，读书笔记是我们自己的，并不是语文考试，所以没有标准答案，我们只需要关注自己的内心，记录下真实的感受即可。比如你可以写"2019年1月20日，我读完了吴承恩的《西游记》，我觉得猪八戒很讨人厌"，这也没关系，这就是你的真实感受。

一句话笔记记录了真实的时间、真实的感受，所以即便只写下这样一句话，也会使阅读效果大不一样，在写的那一刻，你会下意识回忆书的内容、自己的感受，而且因为要写笔记，读的时候你也会比没有笔记状态下要认真、有目的，从而印象深刻。

最简单的笔记是所有读书笔记的开始，它最强的力量是习惯的力量，当你坚持做笔记后，你一定会感谢最早的一句话笔记。

最主要的，一句话笔记让做读书笔记的过程变得没那么烦琐，没那么大压力，我们从写一句话就能轻松开始做读书笔记，做着做着我们自己就会想尝试其他形式的笔记。

在我的冬令营课上，有些孩子年纪还很小，读小学一年级、二年级，从阅读能力上来说，他们可能基础阅读都还有困难，但神奇的是当他们开始尝试一句话笔记后，他们竟然也能坚持做读书笔记了，有的家长告诉我，营地结束后他们依然坚持读完一本书就做笔记，这就是习惯的力量。

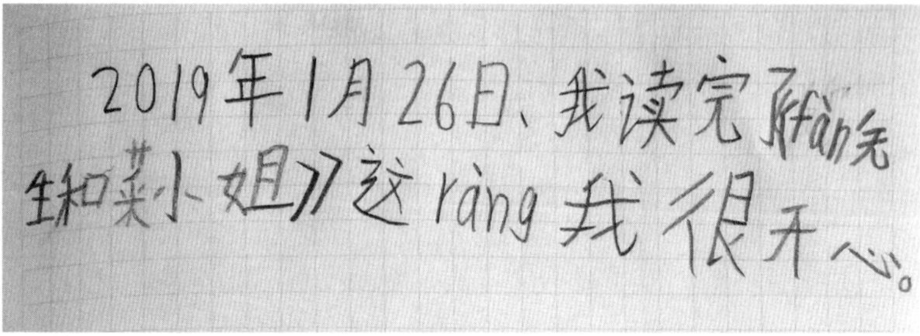
2019年1月26日、我读完《fán先生和菜小姐》这ràng我很开心。

（图 3-1　赵晨希　云南大理　7 岁）

这个一句话笔记来自于赵晨希同学，她只有 7 岁，很多字还不太会写，但她也觉得一句话笔记很容易，后来她能坚持记读书笔记，还尝试了思维导图笔记等更有难度的笔记形式，正是因为笔记的起点没有压力。很多时候我们很难想象，一个 7 岁的孩子就开始做读书笔记了，如果她一直坚持记读书笔记到大学，我相信她会取得惊人的收获。

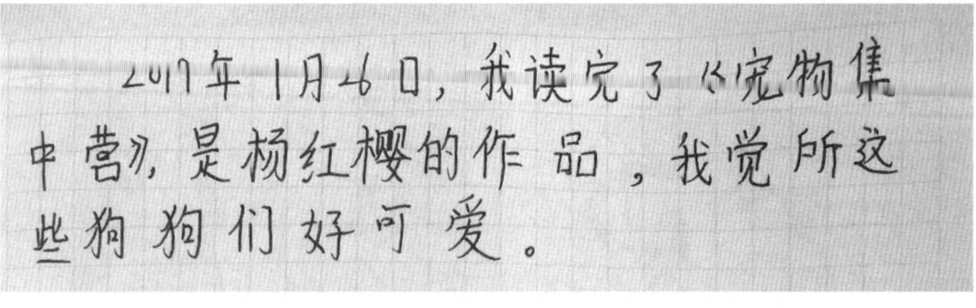
2019年1月26日，我读完了《宠物集中营》，是杨红樱的作品，我觉所这些狗狗们好可爱。

（图 3-2　邓舒蔓　广西北海　10 岁）

有人可能觉得单纯这样记读书笔记太没有美感了，那么你就可以对这种形式的读书笔记做改造加工。请记住一点，笔记是属于你自己的，所以你喜欢什么形式就可以把它变成什么形式。比如你可以把一句话读书笔记改造成读书卡片，每一本书读完就制作一张卡片，然后把这些卡片贴在自己的读书笔记本里，你也可以做一个表格，每一本书占一个格子，这些都是可以的。

比如这位来自杭州的徐佳恩同学就在她的语文老师 Emma 的指导下把读书笔记做成了阅读卡片，非常精美。

（图 3-3　徐佳恩　浙江杭州　10 岁　指导老师：Emma）

总之，一句话笔记会使做读书笔记的过程变得轻松，但它也是非常有意义的，制作一句话笔记的核心就两条，一是真实记录，二是坚持记录，只要你坚持记录自己的真实阅读感想，直到你不满足一句话笔记了，你就可以向下一种笔记形式进阶了。

🍃 3.3 怎样做摘抄笔记

摘抄笔记就是原样抄写一本书中让你有感触的句子或段落，是最简单的读书笔记形式之一。

摘抄笔记的记录方法很简单。

第一步：用一行字记录书名、作者、读书起止日、笔记日。

例：《了不起的盖茨比》，菲茨杰拉德，2018.2.1—2018.8.6，2018.8.7。

为什么要记录读书日期？因为时间长了我们会忘了是哪天读的这本书。而为什么记录笔记日期？因为有时候我们读完了并没有马上开始做笔记。这些时间信息的记录对于习惯的养成是有意义的。

第二步：把通读过的书再浏览一遍，重点寻找做标记的部分（上一章的内容），进行重读、筛选和摘抄，摘抄时原句记录，同时标记上页码。

例：

我年纪还轻，阅历不深的时候，我父亲教导过我一句话，我至今还念念不忘。"每逢你想要批评任何人的时候，"他对我说，"你就记住，这个世界上所有的人，并不是个个都有过你拥有的那些优越条件。"（P3）

在第二步里最重要的是我们要重读和筛选，因为在通读过程中我们可能会标记很多句子，那些句子可能第一遍让我们有感触，但第二遍看可能就没有太多的感觉了，我们不可能记下所有的句子，所以一定要进行筛选。

摘抄笔记就这么简单，只需要两个步骤，记录完一句就继续记下一句，做完一本书的摘抄笔记，就可以做下一本的摘抄笔记，依次进行就可以了。

当然，如果你能记住以下三条做摘抄笔记的原则，你可能会更愿意做摘抄笔记。

1. 只摘录自己喜欢的句子

这条原则里核心的一点是"自己"，我必须再次强调读书笔记是做给自己的，我们不必取悦任何人。我发现很多同学在做摘抄笔记时会陷入一种茫然，他们会问："老师，这个句子是好句子吗？"我就会反问："这个句子你喜欢吗？"

我知道大家为什么会问这个问题，因为语文老师经常会布置摘抄好词好句的作业，需要大家到名著里去摘抄好句子，而且可能大家交上作业后老师还批阅，哪些句子符合好句子的要求，哪些句子不符合，所以不知不觉中大家都建立了一种好句子的"标准"，但实际上好句子没有标准，那些戳中你心坎的句子就是你喜欢的好句子，所以，自己喜欢才是最重要的。

2. 只进行摘抄，不进行个人感受或评论

每一种笔记都有它的功能和作用，摘抄笔记的作用就是原样

记录下书中让你有感触的细节（句子或段落），关键是"原样记录"，不进行我们个人的加工。我们自己的感受或者对观点的评论不需要在摘抄笔记中记录，我们可以在读后感笔记里承载这部分内容。

坚持这个原则的好处是让摘抄笔记变得纯粹些，这样也就相对更简单更容易执行了。

3. 摘抄笔记要有量的控制

如果一本书你读完了，一句让你有感触的话也没有，那就不必做摘抄笔记。因为我们要忠于自己的内心。如果一本书读完，很多句子都让你有感触，这时候我们也需要有量的控制，必须在这些句子里进行筛选，因为我们不能把一整本笔记本都用来记某一本书。

一般来讲，读完一本你觉得好的书，摘抄的句子在10—20个之间比较合理。

好了，摘抄笔记就这么简单，我们可以开始做笔记了。

🍃 3.4 怎样做思维导图笔记

思维导图是英国教育家托尼·博赞发明的一种思考方法，它是将我们头脑中正在思考的内容，以可视化的图形呈现出来的一种思考工具。

　　思维导图又叫心智导图，它运用图文并重的技巧，把各级主题的关系用相互隶属与相关的层级图表现出来，把主题关键词与图像、颜色等建立记忆链接。思维导图充分运用左右脑的机能，利用记忆、阅读、思维的规律，协助人们在科学与艺术、逻辑与想象之间平衡发展，从而开启人类大脑的无限潜能。

　　因为思维导图的这些特性，它被广泛应用于学习和工作的方方面面。在读书笔记上，思维导图很适合用来梳理书的结构。用思维导图对阅读完的书做结构笔记，就叫思维导图笔记。

　　思维导图笔记是所有读书笔记形式里我最爱的一种，因为长期使用下来，确实能感受到它的种种优势。

1. 思维导图笔记的四点优势

（1）整理思路

　　思维导图是采用放射性思考的方式展开的，这是我们人类大脑的自然思考方式，每一种进入大脑的资料，不论是感觉、记忆或是想法——包括文字、数字、符码、香气、食物、线条、颜色、意象、节奏、音符等，都可以成为一个思考中心，并由此中心向外发散出成千上万的关节点。

　　所以每一次画思维导图，随着一条分支画下去，思路似乎也马上跟着清晰了起来。有时候一本书读完在决定做思维导图笔记时对书的结构还没那么清楚，但画完思维导图后就觉得这本书像解剖一样被自己理得清清楚楚了。在画思维导图的过程中我们不知不觉完成了思路的整理。

（2）提高记忆

思维导图的每一个关节点代表与中心主题的一个联结，而每一个联结又可以成为另一个中心主题，再向外发散出成千上万的关节点，呈现出放射性立体结构。而这些关节的联结可以视为我们的记忆，就如同大脑中的神经元一样互相连接，也就是我们的个人数据库。

因此，思维导图笔记完成后我们对一本书的记忆会非常牢固，靠着一张图有时候能还原出整本书。而且思维导图本身会用到很多符号、绘画，这些相比文字更容易被我们记住。

（3）可视化、一目了然

图形化的思考方式相比纯文字的优势就是可视化，能一眼看到整体，所以思维导图笔记是最适合做阅读结构笔记的形式，将一本书浓缩成一张思维导图，一目了然。

（4）触类旁通，通过读书笔记练的技能可用于学习工作各方面

思维导图是一种思考方式，它是可以应用于各个方面的，学习上它可以用于整理知识点、构思作文或论文，工作上它可以用于演讲、会议、项目管理，生活上它可以用于策划活动、整理家务等。

通过读书笔记练习画思维导图是最好的方式，熟练后其他各方面都跟着受益。

接下来，我们就分步骤讲解一下如何制作思维导图笔记。

2. 思维导图笔记的制作步骤

（1）准备工作

正式开始制作之前，我们需要准备一些工具。

①笔记本（整页横过来）或者空白 A4 纸——可以先在 A4 纸上做草稿，梳理清楚后再誊抄到笔记本上，熟练的人可以直接在笔记本上绘制。

②彩色笔——思维导图最好是以彩色形式呈现，因为色彩可以刺激大脑，提高记忆力。当然，临时需要做思维导图笔记而没有彩色笔时也可以用单色笔。

③书——已经通读过一遍且做过标记的书。一边看书一边制作思维导图很难，一般都是通读过后觉得值得做思维导图笔记的书才拿来做笔记。

（2）思维导图基本步骤

①先画下处于正中央的图文——可以是这本书的书名，也可以是针对这本书的主题画的一个小画，大小要适中，既能让人一眼看出这是主题，又不能因为占了太多空间造成空白处不够用。

②从中心开始呈放射状画一级分支——在一级分支上写上主题词汇，尽量不写大段文字，用一个词或几个词把主题说明。

③针对每一个一级分支画二级、三级分支——逐级往下展开，直到把内容结构梳理完。

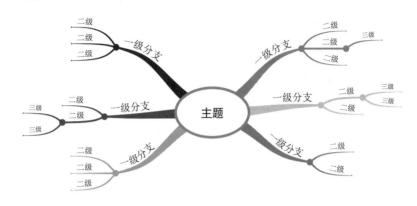

（图3-4　思维导图示例）

（3）丰富思维导图的表现

①色彩——每个一级分支可以用不同的颜色表达，二级分支和三级分支跟它们所属的一级分支用同样的颜色，这样既一目了然，又颜色分明。

②表现形式——分支上的内容尤其是二级、三级以下的内容可以不用词汇表达，用各种符号、贴纸等都可以，使得思维导图的表现更丰富。

③空白处的使用——画完思维导图后，页面的空白处还可以继续使用，可以画一些补充的思考，写上日期等。

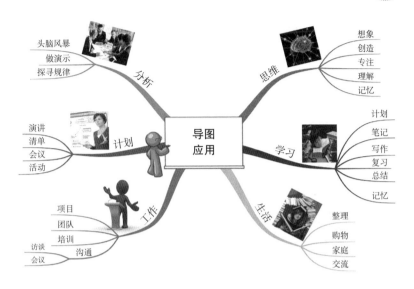

（图 3-5　思维导图的应用）

　　思维导图从操作步骤上来说就这么简单，但要做好思维导图却需要大量的练习，不过这种练习是愉悦的，因为制作思维导图确实是一件让人上瘾的事情，你不必着急马上针对一本书做思维导图笔记，你可以先试着把自己刚看完的一部电影做一下笔记，也可以把自己参加的一个活动做一下笔记。

　　我们通过几个案例来看一下思维导图的练习与运用。

案例1: 用思维导图记录扎染体验

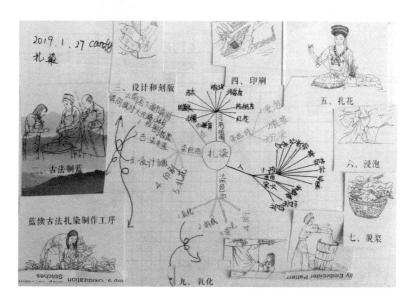

（图3-6　扎染思维导图　制作者: 蒋晗曦　浙江杭州）

　　这张思维导图笔记是我冬令营班上的学生蒋晗曦制作的。半天的扎染课程体验之后，她通过思维导图把扎染的几个步骤程序清楚地分解了出来，并利用空白处把宣传折页上的制作步骤剪下来贴在上边。经过这样的思维导图记录，我相信即便过了很长时间，蒋晗曦同学还是能清晰地回忆起扎染的过程，也能生动地结合思维导图向其他同学讲述扎染是一个什么样的工艺。

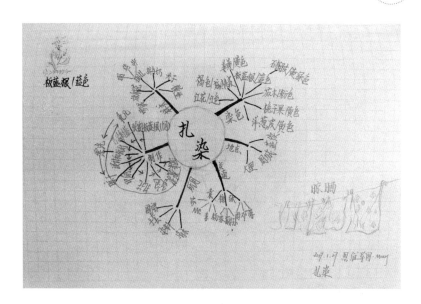

（图 3-7　扎染思维导图　制作者：章紫墨　云南大理）

同样是扎染体验，章紫墨同学的思维导图又是另一种表现，她在"制作"下面的二级内容里很有创意地加入了制作流程的箭头，这样制作过程就变得更加清晰了，空白处则加入了扎染的主要原料板蓝根的小画，以及喙晒这个步骤的小画来装饰。思维导图和其他笔记形式一样都是做给自己的，我们在思维导图整体步骤下，可以加入自己喜欢的创新形式。

案例 2：用思维导图记录洱海观鸟体验

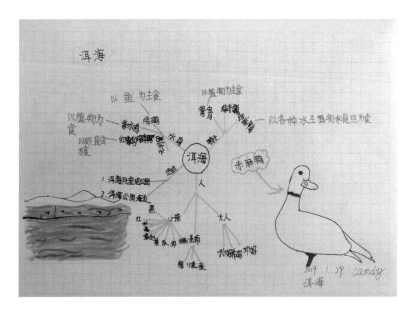

（图 3-8　洱海观鸟思维导图　制作者：蒋晗曦　浙江杭州）

　　这张思维导图笔记记录的也是冬令营的一次户外课，主题是去洱海边看水鸟，整个过程其实能写成一篇长长的游记，但做成思维导图后更一目了然。因为要做思维导图，每一个同学观鸟时都特别认真，记录下自己看到的每一种水鸟，并且比对介绍卡片，同时想着在思维导图里怎么放置这些鸟。

案例3: 用思维导图记录陶艺制作体验

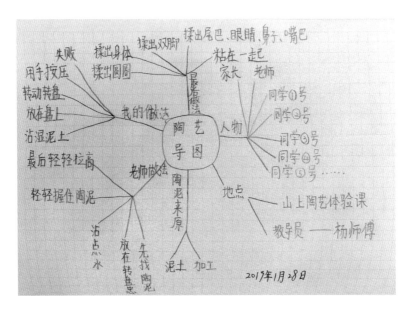

（图3-9 陶艺课思维导图 制作者:邓舒蔓 广西北海）

这张思维导图笔记是冬令营陶艺体验课后邓舒蔓同学做的, 她在一级分支里把制作过程分成了"老师的做法""我的做法"（失败的一次）"最后做法", 形象地再现了自己制作的过程, 看到这张思维导图就能回忆起当日的体验过程了。

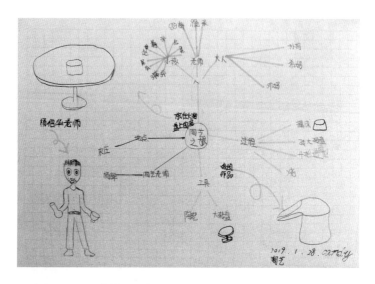

（图 3-10　陶艺课思维导图　制作者：蒋晗曦　浙江杭州）

这张思维导图笔记对于陶艺课的记录除了制作过程以外，还把教课的老师、课上使用的工具以及自己的作品都用小画画上了，这使得整个思维导图又生动了许多，也会更加深记忆。

上面三个案例都是用思维导图对参加的活动或者新学的技能做笔记，回到读书笔记，我们讲一下具体的制作顺序。

3. 思维导图笔记的制作顺序

（1）对通读完的书做分块内容整理，然后形成一级分支

这个步骤的操作对于有目录的书相对比较简单，基本上目录

经过简单整理就是一级分支了，对于没有目录的书（比如一些小说故事），可以用要点的方式来整理，比如小说我们可以设置"故事""人物""时间"等关键元素作为一级分支。

（2）二级、三级内容以自己感觉把书的整体内容梳理清楚为目标

每个人对一本书的梳理会有不同的梳理办法，不必追求统一的形式，二级、三级分支内容的目标是做完思维导图后感觉能用这张图把整本书复述出来，所以检验自己是否做好了思维导图笔记，其中一个办法就是能否拿着这张图把这本书给别人讲一遍。

最后要提一下的是，现在有各种各样的软件和工具可以用来做思维导图，比如 iMindMap、MindManager 等，还有一些在线的思维导图平台，比如百度脑图等，大家也可以去体验尝试，但我还是建议在最开始做思维导图笔记时用手绘的方式进行，等以后熟练了再用软件。

下面两个思维导图是我用百度脑图做的关于《岛上书店》和《苏东坡传》的笔记。

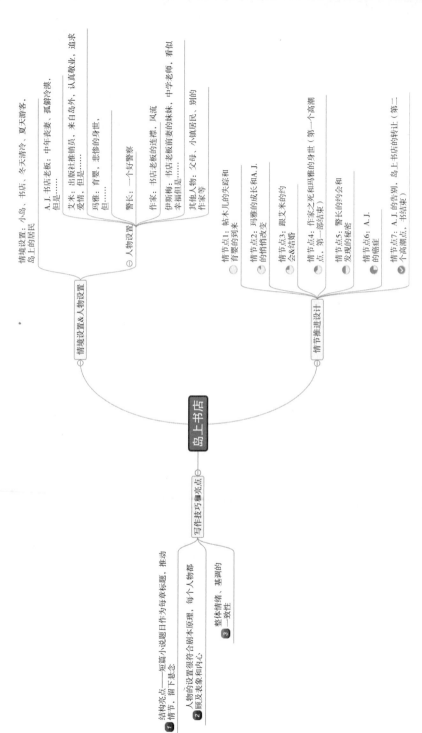

（图3-11 《岛上书店》思维导图笔记）

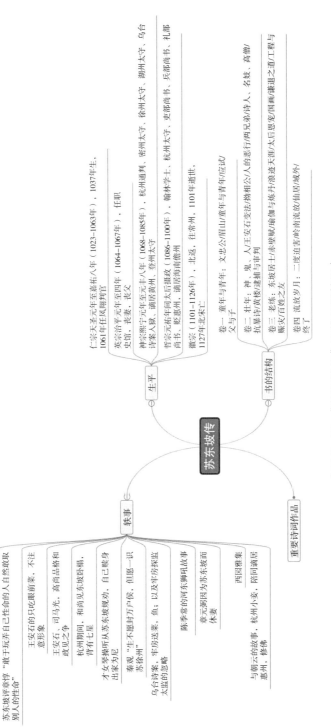

苏东坡传

生平

- 仁宗天圣元年至嘉祐八年（1023-1063年），1037年生，1061年任凤翔判官
- 英宗治平元年至治平四年（1064-1067年），任职史馆，丧妻，丧父
- 神宗熙宁元年至元丰八年（1068-1085年），杭州通判，密州太守，徐州太守，湖州太守，乌台诗案入狱，谪居黄州，登州太守
- 哲宗元祐元年至元祐八年（1086-1100年），翰林学士，杭州太守，吏部尚书，兵部尚书，礼部尚书，瞻养惠州，谪居海南儋州
- 徽宗（1101-1126年），北返，任常州，1101年逝世，1127年北宋亡

书的结构

- 卷一 童年与青年：文忠公/眉山/童年与青年/应试/父与子
- 卷二 壮年：神童，入王安石变法/物我相公/人的恶行/两兄弟/诗人，名妓，高僧/抗暴诗/黄楼/逮捕与审判
- 卷三 老练：东坡居士/赤壁赋/瑜伽与练丹/浪迹天涯/太后恩宠/围画谦退之道/工程与赈灾百姓之友
- 卷四 流放岁月：二度迫害/岭南流放/仙居域外/终了

轶事

- 苏东坡与鬼神辩论，与鬼谈判
- 苏东坡评章惇"敢于玩弄自己的人自然敢取别人的性命"
- 王安石的只吃眼前菜，不注意形象
- 王安石，司马光，高尚品格和政见之争
- 杭州期间，和尚见苏东坡卧榻，背有七星
- 才女操纵从苏东坡规劝，自己削发出家为尼
- 秦观"生不愿封万户侯，但愿一识苏徐州"
- 乌台诗案，牢房送菜，鱼；以及牢房探监太监的忽略
- 陈季常的河东狮吼故事
- 章元弼因为苏东坡而休妻
- 西园雅集
- 与朝云间的故事，杭州小妾，陪同谪居惠州，修佛

重要诗词作品

（图3-12 《苏东坡传》思维导图笔记）

关于思维导图笔记，如果详细介绍，可以说上一整本书的内容，事实上也确实有很多介绍思维导图的书，比如托尼·博赞的《思维导图》系列丛书、矢岛美由希的《日常生活中的思维导图》等，但我要强调的是，思维导图是一种思维工具和笔记工具，学习工具的最好方式就是使用，不要被工具的条条框框束缚住，只要你理解了思维导图的基本原理，绘制的方式可以结合自己的喜好尝试各种新的花样，直到这项工具你用得得心应手。

3.5 怎样做读后感笔记

前面我们讲过摘抄笔记是对一本书细节的整理，思维导图笔记是对一本书整体结构的梳理，这两种笔记都是我们对阅读完的书本身的整理，但阅读还有一项很重要的值得用笔记记录的东西就是我们自己在阅读中的感受、观点和评价。

读后感笔记就是用来记录这些内容的，而在记录的同时我们其实是在梳理我们自己和读完的这本书的关系。

完成了这个步骤，一本书就真正属于我们了，因为它不仅从内容上跟我们建立了联系，也从价值观、情感上跟我们建立了关联。

如果我们喜欢一本书，我们需要表达出到底喜欢这本书的哪些部分，它为什么引起我们的喜欢；如果我们不喜欢某本书，我们也需要分析自己为什么不喜欢，是不同意其中的观点，还是不喜欢其中的表达，或者直接就是不喜欢这本书探讨的话题。

最简单的读后感笔记就是记录我们的感受，喜欢、不喜欢，为什么喜欢、为什么不喜欢，什么书跟这本类似等，之前我们在"一句话笔记"也提到过。

而专业的读后感笔记就叫书评，是我们对一本书的综合评论，可能会谈及这本书的方方面面，比如写作背景、出版背景，作者的文字风格、写作技巧，当然还有自己的感受等。

放上一篇我发在自己微信公号上的《这些人，那些事》的书评，作为案例给大家讲解一下读后感笔记的形式和内容。

感受台湾念真情

1.

《这些人，那些事》这本书在 2011—2012 年特别火，出版商出于宣传的需要自然是把书捧到一个高度，而诸多文艺青年因为"吴念真"这个名字和吴念真多年来第一本在内地出版的书籍，也就一并附和起来。这使得这本书在豆瓣上的评分一度在 9.2 分以上，然后也引来一众不服的读书人心里怀着"必定可取而代之"的情绪匆匆读完，留下书评"又是一个被媒体过度吹捧的作家""《故事会》的插图，《读者》的故事"后，打一个低分愤然离去。于是这本书最终在豆瓣上经 4 万人打分后，评分稳定在 8.8 分。

2011 年时，吴念真 60 岁，了解台湾电影行业的人应该知道这个名字在台湾电影圈的分量，所以为一本书炒作一把老脸，大概对他来说真没这个必要。我在 2012 年一口气读完了这本书（书并不厚，一个个小故事，读起来也很快），在自己的博客里写了一篇名为《似是故人来》的书评，以之为由头怀念了一些家乡岛上的旧事，要说真品出这本书多好来，那时候也未必有多少感受。

这几天因为写周末故事系列有些卡壳，又重新捧起来读，在去除了书刚出来时喧嚣的议论和热闹，也摒弃了快速读完然后评价的念头后，这书读来又别有一番滋味。所以，有的事做的时机要对，有的书读的方式要妥当，这本薄薄的书并不适合一口气读完，而是读上一个故事，掩卷回味一番，然后静待下一个时间再读一个故事。

像歌德的《流浪者的夜歌》里的诗句：

群峰一片沉寂，

树梢微风敛迹，

林中栖鸟缄默，

稍待你也安息。

2.

吴念真在好些电影里有出演角色，大多是满脸愁苦的干瘦的读书人形象，因为长相所以似乎 山本就是中年人了。2000 年杨德昌的电影《一一》中吴念真演父亲的角色，他对媒体说"我没有表演，我就是这么一个平庸的中年人"，所以我在读《这些人，那些事》时，总感觉有一个满脸风霜的中年人，他就坐在我对面，夹着一支烟，对我说"我同你讲"，然后便娓娓道来一个故事。

吴念真善于讲故事，书里写的也是一个又一个的故事。本雅明说"故事是来自远方的亲身经历"，所以故事是一段经历，自己的或是观察到的或是听来的。我一直觉得故事和小说的区别在于故事是"讲"出来的，小说是"写"出来的，至于听故事和看小说的人关心的则是到底是真事还是假事。其实每个讲故事的人和写小说的人都一样，都做了一些艺术加工。

有人会觉得这些故事和《故事会》《读者》里边的故事也没什么区别，这也是可以理解的，就一个故事的优劣来讲，讲故事的人和听故事的人同样重要，讲的人把他细腻的感受、真挚的情感，用精巧的结构和娓娓道来的语言传达出来了，也需要听的人在同一个频道接收，不然讲的人在人间真情频道，听的人在八点档剧场频道，自然就会出现错位。

3.

我有必要举一两个例子来说明一下。很多人会谈到《这些人，那些事》里边生离死别或时间拉得比较长的大故事，比如《遗书》，但那些精巧细腻的小故事同样很棒，比如有一篇叫《思念》。

讲一个念小学二年级的小男孩，喜欢同班的一个小女孩，两个孩子的家长都很默契，认为这么单纯而洁净的思慕不该被破坏，所以都细细感受着从不说破。小女孩感冒咳嗽，小男孩会说："她咳得好辛苦，我好想替她咳。"一会儿又观察到小女孩的手，说："我知道为什么她写的字那么小，我写的字这么大，因为她的手好小，小到我可以把它们包起来。"

三年级的时候，女孩家要搬去加拿大，大人们担心孩子们会伤心，没想到小男孩放学回家兴冲冲地查起地图，看加拿大多伦多有什么，然后给小女孩打电话说："你知道多伦多附近有什么吗？有瀑布耶……书上的字念起来好好玩……说'你家那块破布是世界最大的破布'，哈哈哈……不是啦，是说尼加拉瓜瀑布是世界最大的瀑布啦……哈哈。"

女孩走后，大约过了半年，小男孩捏着几根头发回家跑向爸爸，说这是小女孩的头发，说是大扫除时从她椅子的木头缝里找到的，爸爸就问："你要留下来做纪念吗？"小男孩用力摇着头，忽然抱着爸爸的腰号啕大哭了起来。

我读的时候想象着吴念真坐在对面，说"我同你讲一个我家孩子的故事"，然后便进入到细腻的描述，讲到孩子号啕大哭时他自己也隐隐泛着泪光。短短两千多字的小故事，让听故事的人一下子心里一动，感受到小男孩苦苦压抑自己的思念，感受到那种可爱。

这样的故事在这本书里有 30 个之多，它们就像精致的小点心，要是一口气吃完了，并不会觉得多美味，但隔上几日尝一个，便觉得好了。

4.

我们大部分人都过着平凡的生活，甚至平凡到平庸。在我年轻气盛的那些岁月里，我一度对这种平庸感到难以忍受，进而发展成质疑平庸的人生到底有何意义。

平庸，庸常，这个词可能更恰当些，这是我们必须接受的一个状态，就像饿了需要吃饭，渴了需要喝水一样自然，但这个道理是很多人所不能接受的。

年轻的时候，我甚至恶毒地想，我要是活成我老家那些故人那样，我不如早早体面地死去。倒不是老家那些故人有多猥琐不堪，只是庸常，过着极其普通的日子，有着极其显而易见的价值观，利己、利家人、求神佛、盼捷径。

从某一天开始，我忽然念想起老家岛上的那些故人，以及亲身经历和道听途说的那些故事。本想写些文字来讥讽一番，写着写着竟生出好些思乡的情绪和悲悯的情怀来，现在读我过往的博客，我仍然觉得写老家那些人事风物的博文是最真诚、最让人感慨的。

即便是最简单的庸常里，也藏着普世的情怀；即便是最不堪的价值观里，也有着积极的能量，一旦人能从庸常和简单里汲取能量，就不会太在意形式上的变化。

我小时候喜欢听母亲和邻居的妇女们扯家长里短、流言蜚语，后来大郎和姐姐去别处读书后，母亲更是带着我上别家闲聊、上佛堂祈福、上祖坟悲哭。那些看到过的故人、听到过的故事和流言到今天居然都变成了美好的回忆，总能让我汲取一些能量。

这是我在2012年读完《这些人，那些事》在博客里写的几段书评，四年过后我真的开始写故乡岛上的那些人和故事了，虽然技巧乏善可陈，故事亦无惊心动魄之处，唯愿传递真情。

想起王勃的一首诗，可作为结尾：
北山烟雾始茫茫，南津霜月正苍苍。
秋深客思纷无已，复值征鸿中夜起。
复合重楼向浦开，秋风明月度江来。
故人故情怀故宴，相望相思不相见。

这篇读后感笔记还不能算是专业的书评，但从中能看到一篇读后感笔记需要的大致内容。读后感笔记最主要的当然是自己的阅读感受，但为了能把阅读感受挖掘到更深的层次而不是停留在表面的"这本书好看"或者"这本书不好看"，我们需要对书的创作背景、作者的经历、作品的文字风格以及作品所涉及的话题进行逐一分析，如此才能慢慢接近我们深层次的感受，能体会到哪里好，为什么好。

我们在刚开始做读后感笔记时倒不需要一定写成完整的文章，但一般读后感笔记需要包括以下几部分内容：

1. 评价或评分（建立自己的评分系统）

作为一个立志长期阅读的阅读者，我们可以建立自己的评分系统，给我们读过的每一本书打分。打分不是游戏，它是读后感的一部分，在打分时我们就会自然而然地把这本书跟同类书或者其他书进行比较。

比如你可以参考豆瓣的评分体系，以满分 10 分来评分，你也可以用 5 星为满分来评分，自己坚持用同一套评分系统，就可以把自己阅读过的书进行比较，进而能更了解自己的阅读趣味。

2. 对这本书所谈论的话题的理解

每一本书都会聚焦在某一个或某几个话题上，我们在阅读过程中肯定也接触过与这些话题相关的内容，形成了自己的一些理解，于是我们在读后感笔记里就可以谈谈我们对这个话题已经拥有的一些理解，与这本书提供的视角进行对照。

对话题本身的分析和理解有助于我们可以不一下子直奔书"好与坏"这样的评价，而是通过这样的分析建立一个评论坐标系，我们会在这个过程中联想到与话题相关的书籍，于是对要写读后感的这本书就有了一个比较认识，在评论坐标系里确定了它所处的位置。

3. 对类似的书或其他艺术作品进行联想比较分析

这其实是我们之前提到过的主题阅读的一部分了，但我们在读后感笔记里不必追求主题阅读那么严谨，比如我们读《哈利·波特》，那么就可以比较一下这一系列跟《魔戒》《纳尼亚传奇》等魔幻小说的区别，也可以比较一下它跟《冰与火之歌》以及根据《冰与火之歌》拍的美剧《权力的游戏》之间的异同。

这种比较不限于书本身，我们可以跨艺术形式比较，比如某一本书可能谈论的主题是"孤独"，我们可能在观看画家爱德华·霍珀的画作时也有类似感受，那也可以用来进行联想比较分析。

4. 个人的综合感受

这部分内容是理性、真实地表达我们阅读完一本书后的感受，注意一定要真实，自己喜欢某本书那就是喜欢，哪怕别人都说这本书不好；自己不喜欢某本书就是不喜欢，哪怕是老师给你推荐的这本书。

但同时我们必须理性，不要刻意标新立异，比如为了表现自己的与众不同明明喜欢某本书却说不喜欢，这是非常幼稚的，我们要遵从自己内心的理性标准，向一本书表达我们自己的真实感受。

案例:《哈利·波特之阿兹卡班的囚徒》

好多参加我们举办的冬令营的学生都自觉建立了做读书笔记的习惯，而且很快就适应了多种形式的笔记。在章紫墨同学做的关于《哈利·波特之阿兹卡班的囚徒》的读书笔记里，我看到摘抄笔记、思维导图笔记和读后感笔记三种形式结合在了一起。在读后感笔记的内容里，她对这本书做了评分、表达了感受，也有对角色的一些分析，已经具备了向更高级的读后感笔记进阶的雏形了。

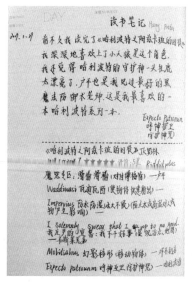

（图3-13　章紫墨　云南大理）

本章小结

　　读书笔记是阅读的重要组成部分，本章我们系统地介绍了读书笔记的类型和作用，并针对摘抄笔记、思维导图笔记和读后感笔记这三种笔记形式做了详细的讲解，其中也包含了大量的案例。

　　摘抄笔记承载了我们对一本书细节的梳理，思维导图笔记承载了我们对一本书整体结构的梳理，读后感笔记则记录了我们对一本书的阅读感受，这三种笔记分别起作用，共同完成我们对一本书的解读。

　　虽然每一种读书笔记都有一个相对规范标准的形式，但有一个前提我们必须明白，那就是读书笔记是为我们读书服务的，所以我们自己的喜好是最重要的。在理解读书笔记各种形式分别承担的功能的前提下，我们完全可以通过自己的创新找到自己最喜欢的笔记形式，只要能坚持下来，就是好的读书笔记。

本章练习

1. 对上一本你读完的书进行一次完整的读书笔记尝试，包括摘抄笔记、思维导图笔记和读后感笔记三种形式。

2. 尝试用思维导图笔记来记录你生活中经历的事情或者你正在思考的一些内容，你可能会发现这是一个很特别的思考体验。

第*4*章

用笔记管理阅读

由于笔记在阅读中所起的作用实在重要，所以我们需要再讲上一章，希望能够引起大家的足够重视，真正养成做读书笔记的习惯。

读书笔记当然也有负面问题。

比如，读书笔记需要用自己喜欢的笔记本，坚持做笔记就会给阅读增加一笔不少的额外费用。

再比如，读书笔记会消耗大量时间，有时候做读书笔记需要的时间甚至超过了阅读一本书的时间，如果不做读书笔记把省下来的时间用来读书，我们一年能多读十几本书。

还有，因为要做读书笔记，我们在阅读时就需要在书上涂写画画做标记（当然前提是我们自己的书，借的书可不能做标记），这样难免就把书弄得又破又旧了。

但这些负面问题都不及读书笔记带来的巨大好处，阅读是重"质"大于重"量"的，而读书笔记能大大提升阅读质量，不仅如此，坚持做读书笔记，还能锻炼一个人的系统思维、规划能力和总结能力。所以，即便是我们把书弄得破破烂烂，即便需要占用大量时间，即便需要花费不少金钱，我们还是要坚持做笔记。

因为笔记即阅读，笔记能帮我们管理起阅读。

4.1 建立属于自己的读书笔记系统

上一章我们介绍了三种笔记形式，再结合之前内容里的一些阅读工具，一共介绍了五六种笔记形式了，但这些还只是各种笔记形式中很小的一部分，大家实际在用的读书笔记有各种各样的形式。

比如著名作家李敖就喜欢剪报式笔记。据说李敖买书都一下子买两本，一本读，一本剪，他把书里需要记录的内容剪下来，加上标签，分门别类地存放在不同的文件夹里，在文件夹上写上关键词，这样需要什么资料，就去找关键词，调出来就能用。

作家钱锺书则喜欢卡片式笔记。杨绛在《钱锺书手稿序》（2001）中写道："许多人说，钱锺书记忆力特别强，过目不忘。他本人却并不以为自己有那么'神'。他只是好读书，肯下功夫，不仅读，还做笔记；不仅读一遍两遍，还会读三遍四遍，笔记上不断地添补。所以他读的书虽然很多，也不易遗忘。"钱锺书在牛津大学读书时，养成了用卡片做笔记的习惯，每次去看书时总是带小卡片，用来记录阅读时的笔记。他一生积累的读书卡片近十万张。

还有康奈尔笔记法、RIA 笔记法、印象笔记法、关键字笔记法、便利贴笔记法……有一些读者想学会所有的笔记方法，然后通过分析哪个最适合自己来确定自己最终用什么形式的笔记，这既不现实也没必要。因为做笔记的目的是为了更好地整理我们的阅读，如果一味去追求笔记形式的多样性，那就是舍本逐末了。

那到底一个人需要掌握多少种笔记方法呢？答案是看你笔记系统的需要。所以我们首先需要做的是建立自己的读书笔记系统。

读书笔记系统就是我们用哪些读书笔记形式，它们又各自承担了什么任务。对于这些我们需要用系统安排好，需要用时就可以随时调用了。

比如著名的康奈尔笔记法，它是用创造这种笔记法的康奈尔大学的校名命名的，又叫作 5R 笔记法，它特别适用来做听课笔记，具体包括以下几个步骤：

（1）记录（Record）：在听讲或阅读过程中，在主栏内用简洁的语言记录重要内容。

（2）简化（Reduce）：下课以后，将记录简化成关键词，放在关键词栏。

（3）背诵（Recite）：把主栏遮住，只用关键词栏中的提示，复述内容。

（4）思考（Reflect）：总结思考、结合自己的感受，写在底部总结栏。

（5）复习（Review）：经常复习笔记，主要是先看总结栏，适当看主栏。

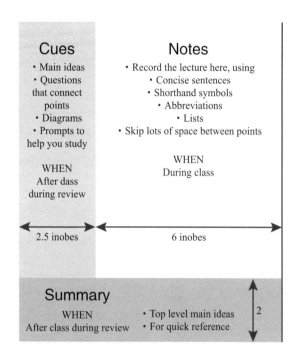

（图 4-1 康奈尔笔记法示意）

如果我们仔细研究康奈尔笔记法，尤其是它的笔记分栏，不难发现康纳尔笔记法其实是一种三分法：一栏记录细节，一栏通过关键词梳理整体，一栏总结。它把所要记录的目标拆解为三部分内容来整理，分别是细节、整体、总结。

我们再看一个笔记法，叫 RIA 便笺笔记法。第一步 R（Read），阅读并摘录原文；第二步 I（Interpretation），将原文用自己的话重述，写出个人的理解是什么；第三步 A（Appropriation），描述自己的相关经验和下一步怎么应用，再结合不同颜色的便笺记录，就是 RIA 便笺笔记法。

聪明的你可能已经发现了，这种笔记法也是三分法——记录、重述、应用。

我们还可以用这种方式去拆解其他笔记法，就会发现，三分法在读书笔记体系里有着非常普遍的存在。我们再细细思考一下就不难发现，其实三分法代表了阅读的普遍需求，首先是摘录，它能帮我们记下读到的那本书的细节；其次是理解，我们要理解一本书，从结构理解或者复述出来；最后是我们的感受、评价或应用。只有达成这三位一体，我们对一本书的理解体系才算真正建立了。

这也是为什么三分法成为很多读书笔记的内容的原因。

再回看上一章我们所讲的摘抄笔记、思维导图笔记和读后感笔记，这也是一种三分法的读书笔记体系，摘抄笔记对应细节、思维导图笔记对应整体、读后感笔记对应感悟。所以如果我们已经熟练掌握了这三种笔记形式，而且用得很舒服，那实际上就没有必要专门再去学习其他笔记形式了。

不过研究其他笔记形式也有好处，我们可以取长补短，完善我们自己的笔记形式。其实我们每个人随着阅读量的增加，和做笔记的熟练，都可以尝试对自己的笔记形式进行创新和改良，甚至建立自己全新的笔记方法，但一定要记住，前提是我们拥有了一个系统，从原文——理解——感受或应用这样的一个通道去理解一本书。

我自己的经验是一开始可以老老实实按照三种笔记形式来做笔记，熟练到一定程度后可以进行创新。我现在对一本书主要做思维导图笔记，在思维导图笔记的空白处进行摘抄笔记，读后感笔记我则把关键词直接做进思维导图笔记里，到需要发展成一篇书评时再调出来。

4.2 养成做读书笔记的习惯

《追忆似水年华》的作者、20 世纪法国最伟大的作家之一马塞尔·普鲁斯特说过一句话："不要坐等智慧的到来，**我们必须通过自己的努力去得到它，没有人可以代替你去进行避免这种历程**。"

读书笔记的习惯不是一下子就能养成的，我们必须经过努力才能实现，而这种习惯一旦养成，我们将终身受益，所以这个历程就算再难我们也要尽力去尝试一番。

我们很容易搁置一项习惯，而习惯的形成需要旷日持久的坚持，一旦搁置可能就无限期搁置了，再捡起就很难了。就像我们写日记，很多人都有过这样的经历，刚开始还能坚持每天写日记，后来有一天偷了个懒，说今天太忙了，不写了，就这一天，结果后面的日记就不了了之了。读书笔记很难养成习惯的原因也是如此，有各种诱惑、理由让我们把读书笔记搁置。

所以养成读书笔记的习惯需要从两个方向努力，一个方向是形成习惯的吸引力，这就有了惯性的力量，让做读书笔记变成一件愉悦的事，能抗拒诱惑；另一个方向是培育坚持习惯的动力，这就有了抗拒懒惰的理由。

1. 形成习惯的吸引力

我们要形成习惯的吸引力，可以用下面这两个办法：

（1）用喜欢的一切创造仪式感

在《小王子》这本书里，小狐狸对小王子说："（仪式）它就是使某一天与其他日子不同，使某一时刻与其他时刻不同。比如说，我的那些猎人就有一种仪式。他们每星期四都和村子里的姑娘们跳舞。于是，星期四就是一个美好的日子！我可以一直散步到葡萄园去。如果猎人们什么时候都跳舞，天天又全都一样，那么我也就没有假日了。"

我刚开始写作时很痛苦，经常在电脑前坐立不安，敲上三行字然后删掉两行，往往半天没有进展，后来我尝试在写作前先把桌子整理得干干净净，再给自己泡上一壶喜欢的茶，选好喜欢的音乐，旁边放上一摞白纸，一支自己最爱的笔，虽然做这些准备消耗了一些时间，但每次这么准备时，我写作就没那么痛苦了，这也是仪式感的一种。

仪式感就是让这一时刻跟其他时刻不同，通过各种愉悦的因素暗示自己，现在是阅读笔记时间，就像你生日那天，你会觉得那一天真的很特别。所以大家不妨试试，每次做读书笔记前，放好自己喜欢的本子、自己喜欢的钢笔、自己喜欢的音乐，总之，用喜欢的一切创造读书笔记的仪式感，这会让你更容易形成习惯吸引力。

（2）从简单到复杂，循序渐进

在习惯还没稳固前，我们不能自己把自己吓倒。很多人一开始就立下宏大志向，比如每个月坚持读完几本书，每本书都要坚持做完三种笔记，每本书的笔记保证在多少个字以上等。

有这样的决心当然是好的，却不好坚持下去，因为一开始太复杂就会让我们心生怯意，不如先从最简单的开始，比如我们前面介绍的一句话笔记等。这样，每次做读书笔记我们就会告诉自己"很简单的，写一句话就行了"，只要我们坚持下去，慢慢地我们就会越写越多，也就形成了习惯。

当我们已经习惯做读书笔记后，我们会慢慢不满足于简单的形式，因为简单的形式不能把一本书带给我们的有价值的东西全记录下来，于是我们会进阶去尝试更复杂的方式。这样循序渐进的过程比一开始就走复杂的道路而把自己吓得不敢开始要好。

2. 培育坚持习惯的动力

我们要培育坚持习惯的动力，也有两个办法可以用：

（1）增加笔记的牵绊

习惯有时候就像一个久违的老朋友，你对他牵绊越多，想见他的动力就越多。我们要把读书笔记形成一种牵绊，比如读完了并且想做笔记的书不要马上放回书架，而是放在书桌、床头等明显的地方提醒自己："这本书读完了，想做笔记，但还没做。"于是这本书就会不断释放牵绊的信号。

我们还可以在读完一本书后，马上在笔记本的空白页上把书名、作者等信息写上，这样即便没有马上开始做笔记，笔记本里也留下了一种牵绊的信号。这个信号不断提醒你："笔记还没做，这页还空着……"

我们还可以想出更多的办法来制造笔记的牵绊，这样就获得了一种推动力。

（2）经常使用读书笔记

做完读书笔记是一本书阅读的完成，却是一本书为我们所用的真正开始。我们越是经常使用读书笔记，就越会觉得读书笔记有用，这样也就对做读书笔记这个事越有动力。

所以读书笔记完成后，我们不能就此把笔记本收纳好，束之高阁，认为笔记本完成使命了，而要把这个"数据库"经常使用起来，用于写作、用于生活、用于方方面面（下一节我们会专门讲如何使用读书笔记）。因为使用，读书笔记会变得更有用，而"有用"就是最好的推动力之一。

这样我们对于读书笔记这项习惯既有了吸引力，又有了推动力，当然最主要的还是你要开始尝试做笔记，然后在做笔记的过程中完善笔记，爱上笔记，那自然而然也就有了笔记习惯。

🍃 4.3 整理和使用读书笔记

刚开始做读书笔记时我们不大需要整理笔记，只需要坚持记笔记，不断积累就可以了，但随着我们用掉的读书笔记本越来越多，整理工作的必要性就显现出来了，所以我们还是有必要提前了解一下整理笔记的相关内容的，因为我相信每个读这本书的人都会成为一辈子的阅读者和笔记者，迟早要遇到整理笔记的问题。

1. 整理读书笔记的两种办法

随着读书笔记越记越多，我们内心的成就感也会越来越强。我仍然记得当我有一天忽然注意到我的读书笔记本已经占满了书架整整一格时的反应，我反反复复盯着这个格子看了半天，就差流口水了。

不过紧接着我就意识到，我需要考虑如何整理这些笔记本了。因为笔记是要经常使用的，它们的使用频率甚至比书本身还要高，整理不好使用起来就很不方便，而且笔记本还会不断增加，如果现在不整理，以后整理会更麻烦。

其实整理读书笔记操作起来也简单，做好两件事就可以了。

（1）编号

读书笔记本跟书不一样，从笔记本的书脊上看不出明显的区别，我们要做到每个笔记本都不一样也不现实，反倒是更容易形成每个笔记本看着都一样的情况。所以为笔记本编号就变得极为重要。**所谓编号就是在笔记本的封面用一串号码标记上，方便自己识别。**

这串号码怎么设计都可以，你可以用只有自己能看懂的方式，也可以简简单单的。我用的编码方式是XXXXNO.X，即某某年第几本，比如2019年用的第一本笔记本的编号就是2019NO.01。我见过一个朋友的读书笔记本编号是WX05，一问才知道WX是干支纪年法的戊戌年（2018），后面的数字则是序号。不管怎样的形式，原理是一样的，都是需要记录年份和序号的，这样的好处是我们一看笔记本的封面就知道顺序了，很方便查找。

编完号后就是摆放问题了。我的书架有专门放读书笔记本的区域，只需要按编号顺序把它们放到书架的格子上就可以了，因为是按照编号摆放的，所以取用很方便，每次我取出某一本笔记本时都会在那儿放上一张卡片，用完后再把笔记本放回卡片所在位置，这样就不会乱了。

（2）制作索引笔记本

编号的成果是笔记本被有序地放置了，但还有一个问题没解决，那就是读过的某本书记录在哪个笔记本里不太容易记得住，如果每次找一本书都需要每个笔记本挨个翻一遍显然比较费事。所以当你的读书笔记本和阅读的书足够多时（比如你已经做了好几百本书的读书笔记），你可能需要花点时间给这些笔记本做一个索引笔记本。

笔记本的索引笔记本听着很绕口，其实一解释就明白了，这就像图书馆或者资料库需要建立搜索数据库一样，我们为自己读过且做过笔记的书建立一个索引目录，最简单的方式就是单独用一个本子，每页写上笔记本编号和对应的那些书。

例如我的索引本上有一页是这样的：

2018NO.03

第四消费时代——［日］三浦展

苏东坡传——林语堂

流浪地球——刘慈欣

岛上书店——［美］加·泽文

刀背藏身——徐皓峰

未来简史——［以色列］尤瓦尔·赫拉利

失控——［美］凯文·凯利

……

这页记录着这个信息：在编号为2018NO.03的笔记本里有《第四消费时代》《苏东坡传》等书的读书笔记。所以如果我要找《第四消费时代》这本书的读书笔记，我只需要翻索引笔记本，翻到这页我就知道那本书的笔记在2018NO.03编号的笔记本里了。

这个索引笔记本能大大提高我们搜索的效率，是一个磨刀不误砍柴工的操作。当然这个工作并不着急，等你阅读的书足够多、笔记足够多的时候再做就可以。不过我要告诉你的是，做这个索引笔记本时，成就感格外强，看着自己读过的和记过笔记的整整齐齐的书名，感觉非常好。

当然，不论是编号还是做索引本整理读书笔记，我们的目的都是为了更高效、方便地使用读书笔记。使用，才是我们做笔记的主要目的。

2. 使用读书笔记

读书笔记的使用有两种形式，**一种是常规使用，另一种是专门使用**。

（1）对读书笔记的常规使用

常规使用就是在没有明确目的时，对读书笔记的使用。

我们读完书，做完笔记，会比那些只是读完书但没做笔记的人对书的记忆度和理解度深得多，但这也不意味着我们完全不会忘记，时间久了我们还是会渐渐忘记读过的书的内容。所以读书笔记不能成为书架上的摆设，它需要时常被拿出来重温一下。

第一，形成重读笔记的习惯。重读笔记比重读书本要快一些，而且因为笔记是非完整记录，更能有效刺激我们的记忆，所以很多时候重读笔记的效果会更好一些。我们可以给自己设定专门的重读笔记时间，比如每个月的最后一天把这个月的笔记翻一翻，每年的最后两天，把这一年的笔记翻一翻。重读笔记不光能加深记忆，它也经常会带给我们意料之外的收获，因为重读时我们的大脑会在熟悉里检索，这时候思维更活跃，经常会有一些新的想法产生。

第二，养成随身携带读书笔记的习惯。重读笔记除了在特定的时间以外，一些特别的时间携带读书笔记重读效果也非常好。我个人偏爱在出差和旅行时带着读书笔记，因为人在自己不熟悉的空间里，搜集信息的能力会变得更灵敏，所以每次带着读书笔记本出门，总能增加好些随想笔记。此外，出门旅行时带着笔记本逛一逛书店，也是别有一番味道的。

（2）对读书笔记的专门使用

对读书笔记的专门使用，就是我们在学习、工作中遇到一些特定的需求时，向读书笔记求助的情况。读书笔记不仅仅是可以帮我们记录读书这么简单，它还有很多功能可以满足我们的特定需求。

第一，作为创作的灵感库使用。当我们的创作陷入困境时，不妨从书架上挑几本读书笔记看看，可能会很快获得灵感。因为读书笔记中的摘抄笔记摘录的都是让我们很有感触的句子，这些句子能刺激我们的灵感，而思维导图笔记则有可能启发我们的框架结构，读后感笔记会让我们知道原来我们内心有一些情感还没表达……总之，读书笔记是最好的创作灵感库。

第二，作为困惑的解答库使用。在学习和生活中，我们难免会遇到这样那样的困惑，有时候这些困惑既不想跟父母聊也不想跟老师说，跟同学朋友说他们又不太能共鸣，这时候不妨去读书笔记里找答案。因为我们读书的过程就是我们跟那些前辈、思想家对话的过程，读书笔记就是我们对话的记录，有困惑时跟这些思想家聊聊，你可能会豁然开朗。

第三，作为解决大事的秘密工具使用。我在考试（尤其是语文考试）前除了常规复习以外，一定要做的一件事就是把读书笔记翻上一遍，我的实践经验是，这样做对语文考试得高分很有帮助，至于原因，我想是因为翻一遍读书笔记的效果就相当于一下子读了很多本书，考试时能派上用场。我在参加一些演讲比赛或者公司重大活动前，也会把读书笔记翻上一遍，发言时就会说出一些妙语，效果很好。还有很多大事，比如向自己喜欢的人表白、策划一个惊喜给父母等，我们都可以事先找出读书笔记来翻一翻。

记录是笔记的诞生过程，使用则是笔记的生命力所在，请记住，越使用，越有用。

🍃 4.4 把读书笔记用于影视剧

读书笔记的使用不仅限于阅读书籍，前边我们已经介绍了读书笔记中的思维导图笔记可以用来记录事件、体验等，不过我不建议将这些跟读书笔记放在一起，它们可以跟你的日记之类的放在一起。

但读书笔记可以跟观看影视剧的笔记放在一起使用，而且对影视剧做笔记本身也有助于提高做读书笔记的能力，因为影视剧在很多方面跟书是相近的。

现在大部分影视剧是根据小说改编的，即便不是改编的，它们背后也是有剧本在支撑的，所以影视剧跟书籍是有相通之处的，而且我们看完一部电影做笔记的收获有时候不比读一本书小。

首先，影视剧中经典的台词是值得摘录下来细细品味的，它们像我们阅读书籍时摘录的让我们感动的句子一样，能给我们很多启发或者能用在写作和其他创作上。其次，用思维导图笔记分析影视剧，能够使我们拥有导演视角或编剧视角，长期的锻炼还能对我们的结构性思维有很大的帮助。最后，观后感笔记能有效锻炼我们写剧评和影评的能力。

所以，你已经明白影视剧笔记的操作办法了吧。

第一步，摘抄笔记。这一步需要做的就是把影视剧里让你有感触的经典台词、对白摘录下来。这个操作起来有一些难度，因为看书时我们看到这样的句子只需要画线就可以了，但看影视剧时我们就不能这么操作了，不过我们还是有替代方法的——如果是在家看，比如在电脑上或者电视上，我们可以通过暂停或截屏来记录。如果是在电影院看，我们可以先记住大致内容，结束后再去豆瓣之类的电影网站上查阅，一般让你有感触的台词，在这些网站上都有人做了截屏记录。

比如，电影《奇迹男孩》，我的摘抄笔记里摘录的句子有：

①如果要在正确和善良中做出选择，请选择善良。

②奥尔本斯太太，奥吉改变不了他的相貌，也许我们可以改变我们的眼光。

③如果我们了解别人的想法，就会知道，没有人是普通的，每个人都至少值得大家起来为他鼓一次掌。

④你天生与众不同，不必躲躲藏藏。

⑤这世界不是以你为中心的。

这些句子单独看，有的可能会让你深有感触，有的你可能没有太强烈的感觉，但影视剧的摘录是会让人联想起具体的剧情的，然后你的感动或者感触就会变得具体了。

第二步，思维导图笔记。影视剧的思维导图笔记可以根据人物、剧情进行结构的解读，比如可以分解人物关系，可以分解剧情的大块进展，这时候我们就能慢慢习惯导演和编剧的思维。我在冬令营的课上曾经尝试让同学们一边看《丁丁历险记：独角兽号的秘密》一边做思维导图笔记，效果出奇的好，每个同学看完电影都能很清楚地梳理出人物线，以及看出了导演完成剧情推进主要靠故事地点的变化，有些同学甚至看出了人物从电影开始到结束完成了什么样的转变，这已经有接近编剧才具有的观察力了。

电影《丁丁历险记：独角兽号的秘密》的思维导图示例如下：

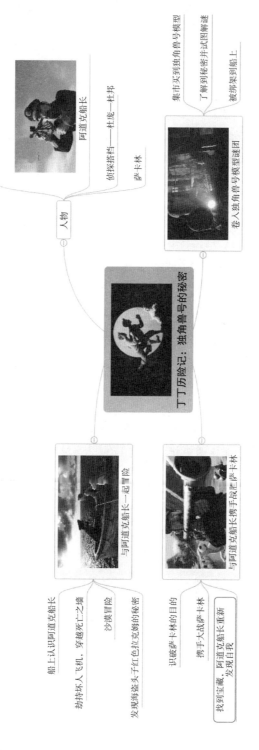

丁丁历险记：独角兽号的秘密

人物
- 丁丁&白雪
- 阿道克船长
- 侦探搭档——杜庞·杜邦
- 萨卡林

卷入独角兽号模型谜团
- 集市买到独角兽号模型
- 了解到秘密并试图解谜
- 被绑架到船上

与阿道克船长一起冒险
- 船上认识阿道克船长
- 劫持坏人飞机，穿越死亡之墙
- 沙漠冒险
- 发现海盗头子红色拉克姆的秘密

与阿道克船长携手战胜萨卡林
- 识破萨卡林的目的
- 携手大战萨卡林
- 找到宝藏，阿道克船长重新发现自我

（图4-2 《丁丁历险记》思维导图示例）

如果我们用软件做电影的思维导图笔记，就可以像我上边的示例那样插入一些电影剧照，这样，思维导图会更加形象生动。如果是手绘，也不妨试试把一些角色或剧情用画的方式记录下来。

第三步，观后感笔记。 专业的观后感笔记就是影评了，所以通过观后感笔记的练习我们有可能成为专业的影评人。跟读后感笔记一样，在观后感笔记中，我们也需要完成对影视剧的整体评价或者评分、对影视剧所关注的话题的讨论，以及我们自己的观影感受。当然，观后感笔记还可以有一些独特的东西，比如关于镜头语言、导演风格等的讨论。好的观后感笔记会使别人就算没看过这部电影也能被打动。

比如电影《少年斯派维的奇异旅行》，我做的观后感笔记如下：

天才少年的明媚忧伤

1.

十岁的男孩 T.S. 斯派维是个科学天才，他喜欢科学实验和各种发明，他敏感而羞涩，他能通过肌肉的收缩识别假笑和真笑，他在学校要求老师在科学面前保持开放态度因此得罪了老师，所以可想而知斯派维并没有多少朋友。

好在他有个坐落在蒙大拿农场的温馨的家庭，父亲是个老式牛仔，母亲是个爱研究甲虫的动物学家，父母就像白天和黑夜一样差异巨大。斯派维的姐姐是个普通的女孩，爱美，希望通过选秀上电视，斯派维最重要的玩伴是他的异卵双胞胎弟弟雷顿。父亲更喜欢雷顿，因为雷顿呆呆的，喜欢枪和牛仔帽，显然更像父亲。但这些不重要，呆呆的雷顿会陪斯派维玩，而斯派维则趁机搞科学研究。

一切的改变来自于一个意外，某天雷顿和斯派维在谷仓玩枪，斯派维想通过实验测枪声的声波，结果枪走火，雷顿被崩飞，斯派维吓得蜷缩在角落。

弟弟雷顿去世了，这么一个明确的事实家人却默契地保持缄默，没有人责怪斯派维，甚至没有争吵。

父亲依然沉迷于他的牛仔收藏，母亲依然沉浸在她的甲虫研究，姐姐如常剥玉米粒、期待选秀。只有斯派维觉得一切都变了，他觉得"一种抑郁笼罩着他，挥之不去"。还有弟弟雷顿养的狗也感受到了，它一遍遍地咬着铁罐罐，咬到牙齿都出血了。

2.

敏感而脆弱的斯派维觉得父亲应该是恨他的，他甚至觉得父亲找他一起去水渠时的心情是沮丧而无可奈何的，毕竟雷顿不在了，只能让他替代了。斯派维觉得母亲也变了，她终了有一天沉醉山上寻找一种根本不存在的甲虫。

一件发生了的事就这么没人谈起，少年斯派维在日常生活的每一个细节里被感伤一遍遍冲刷，终于他也决定离开，正好一年前他发明的永动机获得了贝尔德奖，于是他在一个清晨独自离家出走，去华盛顿领奖。

旅途中，他看见了美景，经历过困难，感受过温暖，在他孤独悲伤的时候他跟弟弟雷顿对话。

3.

在华盛顿斯密森学院的颁奖典礼上，斯派维说了这么一段话：

"第一，谢谢，谢谢你们没有因为我的年纪而取消给我颁奖；第二，关于电磁轮，大家能看到里面有部分零件是磁铁，你们一定知道，400 年后磁铁将会消磁。对于人类时间尺度而言，400 年似乎很长，但对地质年代而言，却只不过是沧海一粟，因此我们距离永动机还要走很长的路；第三，今年我弟弟死了……"

那是一段极感人的细腻描述，斯派维终于讲出了那天发生的一切，讲出了藏在他内心深处的忧伤。

4.

剧中天才少年斯派维在看到都市里的建筑时说："人类创造出这么多直角，但人类的行为却这么复杂而荒谬。"

他隔着车窗感受雨滴时说："水滴的特别之处在于，它们总能找到阻力最小的道路，对人类而言，情况恰恰相反。"

我们总是把复杂的简单了，把简单的复杂了，我们没法像剧中说的那样"what happened just happened"，发生了就是发生了，但我们会不谈论，藏起来，像一颗种子种在内心深处，用时间浇灌，然后某天发芽，长大，长成平淡生活里的刺，长成每个人内心深处坚硬的忧伤。

好在剧中天才少年的忧伤是明媚的，最后父母理解了他，他也理解了父母，所以这个电影整体的色调像一个有着淡淡忧伤的童话。

它出自我非常喜欢的一个法国导演，让－皮埃尔·热内，不熟悉这个名字没关系，你一定熟悉他拍过的电影——《天使爱美丽》《漫长的婚约》。

在这篇观后感笔记里我梳理了电影的剧情，以及它所对应的话题，同时分析了导演在演绎这个话题时用的技巧（冷静、克制的），并且就这个话题谈了自己的感受。通过这样一篇观后感笔记，我即便不重温这部片子，依然能回忆起大部分的剧情和自己的感觉。

除了前面讲到的那些，把阅读笔记的方法用于观看影视剧还有以下三点额外好处：

①阅读笔记的方式能让我们在观看影视剧时更加专注、更加敏锐。因为笔记会在我们脑子里催促我们留意每一个细节同时又把握整体进展。

②对于那些由书改编的影视剧，观影笔记还能跟阅读笔记对照来看，能让我们获得将书改编成影视剧的一些取舍和技巧。

③观影笔记能让观影变得更有意思，或许你会因此爱上看电影。

本章小结

读书笔记是能帮助我们管理阅读生活的。面对众多的读书笔记方法，我们首先要做的并不是马上投入去学习或模仿某一种具体的笔记方法，而是要梳理和建立自己的读书笔记系统。本章我们介绍了建立读书笔记系统的办法，其中三分法是相对比较实用的。

有了读书笔记系统后，如何形成和坚持读书笔记习惯就变得尤为重要了，我们从营造吸引力和推动力两方面入手加速习惯的形成。而在读书笔记使用方面最重要一条就是想办法经常使用读书笔记，越使用越有用。

最后本章还介绍了读书笔记方法在观看影视剧中的应用。

本章练习

1. 对你的读书笔记进行一次系统梳理，明确你的读书笔记系统的组成，并确定用哪些笔记方法。
2. 尝试对你喜欢的一部电影用读书笔记的方法做一次观影笔记。

第5章

提高阅读效率

我们所处的时代是一个讲求效率的时代，学习、工作，甚至生活都要求我们尽可能地提高效率。

什么是效率？效率就是单位时间内的收获有多少。

同样一本书，有的人可能花一天时间就能读完，有的人可能需要花一周时间才能读完，那么是不是花一天时间读完一本书的人效率一定更高？不一定，我们还需要看这两个人到底分别收获了多少。

但总的来说，更快速的阅读能力、更优秀的记忆能力、更精准地把握重点的能力，这些都是让阅读更有效率的能力。

即便不从效率的角度出发，我们如果能提高阅读速度、提高记忆能力，以及更好地能使用读过的内容，那么我们也会在阅读中获得更大的成就感。那么这些能力又该如何提升呢？首先当然是多阅读，一个坚持阅读的人时间久了这些能力自然能提升到一定的高度，但除了这种自然而然地提升方式以外，我们也有必要了解其中的原理和其他的方法。

本章我们一起了解跟阅读效率有关的一切。

5.1 提高阅读速度的办法

我们大多数人都是从很小就开始进行阅读了，有的从四五岁开始，有的从六七岁开始，但很多人即便是到了成年，还是不能充分发挥出潜在的阅读能力，甚至还有读得太慢、无法专心阅读等问题存在。

单就阅读速度看，一个成熟的阅读者平均的阅读速度为每分钟200—300 字，但有的人能到每分钟 500—600 字，有些人甚至每分钟能超过 1000 字。为什么差异这么大？这些差异跟智商、教育程度无关，主要还是来自于阅读习惯和阅读技巧。

阅读速度慢的人往往有一些坏习惯，而阅读速度快的人则通常都是掌握了一些技巧。

有专门的速度训练能帮助阅读者提升速度，但限于篇幅，我们不详细展开，但我想每个人通过对阅读速度原理、阻碍阅读的因素，以及一些常用的练习的了解，都能把自己的阅读速度提升一大截。

1.阅读的物理过程

我们阅读当然是依靠眼睛的移动，不过这个过程中眼睛并不是一直都在移动的。因为我们所阅读的文字是静态的，所以我们的眼睛也需要处在静态才能对焦文字看清楚，因此阅读时，眼睛是停下来看清一个字或词后再移到下一个字或词上的。这种停顿被称为注视，我们眼睛每次注视的时间大约持续 0.25—0.5 秒。

每次注视时，我们可以辨认的字数被称为辨识广度。我们阅读速度的差异主要来自于辨识广度的差距。有的人一次注视能辨识一整行，那他的辨识广度就很大，而有的人一次注视只能辨识一两个字，于是同样是一行，他需要的注视次数就多，速度也就慢了。成语里形容人阅读速度快有个词叫"一目十行"，就是一次注视的辨识广度有十行那么大，所以阅读速度极快。

因此我们练习阅读速度时，要首先注意自己的辨识广度，不能一个字一个字地注视读下去，而要先学会根据文字的意义调整辨识广度。比如下面这段文字，如果你之前是逐字阅读的，现在可以试着调整为这样读：

在我的后园，可以看见 墙外 有两株树，一株是枣树，还有一株也是枣树。

这上面的 夜的天空，奇怪而高，我 生平 没有见过 这样奇怪而高的天空。他 仿佛要离开人间而去，使人们 仰面不再看见。（鲁迅《秋夜》）

每一个画线就是一次注视，然后你可以尝试把辨识广度再调大一点。

当然，这样的阅读速度练习不是一蹴而就的，我们需要在日常阅读中不断留意辨识广度，并且去提升自己的辨识广度。

另一个需要格外注意的物理现象是回视。有些阅读者每次注视只能吸收一个字，于是阅读的过程只能一个字一个字慢慢前进，这样很容易出现看了几个字以后，又忘了第一个字是什么，于是眼睛又会跳回前面读过的地方，这就叫回视。

这样，阅读速度很缓慢，再加上回视，就比大脑思考速度要慢很多，于是大脑就开始放空或者开小差，这也是很多人读着读着就会犯困、走神的原因。

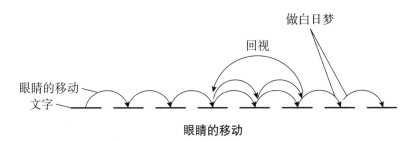

（图 5-1　阅读的物理原理和回视）

2.阅读提速的办法

阅读的速度不是绝对的，实际上就算训练有素的专业阅读者，他的阅读速度也会受到内容的复杂程度、作者的风格、字体和版面等的影响而有快有慢，所以当我们谈论阅读速度时，首先要明确的一点是，我们必须在达到理解内容的前提下谈速度。

除了在阅读时注意扩大辨识广度，还有两个办法也能在理解内容的前提下提高速度。

（1）从默念到默读

由于我们的学习习惯，我们的阅读往往是先学习大声朗读，然后变成默念，以至于有些孩子在阅读时会不自觉地动嘴把字默念出来，这样其实很影响速度。朗读的速度大约是每分钟 100 多字，而默念虽然会加速，但还是在 200 字以下，因为一默念注意力就在单个字上了，而不是用整体意义去理解词和句子。默读不是默念，默读没有逐个念字的过程，而是直接用更宽的辨识广度进行默声阅读，所以我们要逐渐调整为真正的默读，而且要刻意注意自己是否在默念。

（2）根据不同的内容调整阅读速度

阅读和开车一样，路况不一样，速度就得随着调整，在高速公路上我们可以开快些，但遇到复杂的路况就得开慢些，类比阅读的话，不同的内容就相当于不同的路况。比如我们读休闲轻松的小说，那就可以尝试提高速度，把辨识广度拉大，它并不会影响我们对小说内容的理解。而我们读一些学术著作，就得稍微慢下来一些，把每个句子都搞懂，并且琢磨其中的逻辑。经常训练不同的内容用不同的速度，会让我们的阅读意识自觉调整，就像车换挡一样熟练。

3. 阅读速度练习方法

除了上文提到的需要注意的事项，我们还有两个常用的方法，可以在阅读初期经常练习以提高阅读速度。

（1）指字练习

用手指或笔随着阅读的字一路指下来，尽量保持稳定的速度移动。熟练后，逐渐加快速度，但还是平稳移动，再之后每两行指一行，每三行指一行。这样的练习可以带动我们的眼睛以顺畅但逐渐加快的速度跟着移动，提高阅读速度。

（2）节奏练习

阅读速度加快其中一个因素就是形成稳定的节奏，所以我们可以通过制造节奏来提高阅读速度。节奏练习的方法是在读到每行末尾时用手指或笔轻轻点一下，直到找到一个你舒服的节奏，之后慢慢加快速度，就像音乐里的节拍器一样。

虽然讲了这么多关于阅读速度的内容，最后我还是要强调一点：提高阅读速度最好的办法就是多读。

5.2 提高阅读效率的办法

阅读效率和阅读速度之间有关联，但不是绝对的，一般情况下，阅读速度快的阅读者效率也相对更高些，但同时，阅读效率也跟阅读者的时间管理能力和判断能力有关，所以，如果有些阅读者在时间管理和阅读判断上做得很好的话，哪怕他阅读速度慢，仍然会拥有很高的阅读效率。

衡量阅读效率可以用两个因素来评判，一个是阅读数量，就是读了多少本书；另一个是阅读质量，就是读的书里有多少是对你有帮助的书。其实一个人一辈子的阅读数量是可以大致估算出来的。

假设我们能坚持一个月读一本书，那么一年就是 12 本，一辈子是 700—1000 本，是不是并没有我们想象的那么多？事实上很多人还做不到一个月读一本书，尤其是进入工作、琐碎的日常生活以后。

德国作家舍费尔在他的著作《财务自由之路》中讲道："每周阅读两本书，就意味着你一年的阅读量超过 100 本书，七年就超过 700 本书，你不相信 700 本书能改变你的人生吗？"我不知道 700 本书到底能不能改变你的人生，但我们跟上边的一对比，七到八年就能读完别人一辈子的阅读量，人生应该会有所不同吧。

而要做到坚持每周读两本书，这需要阅读者保持很好的阅读效率。那具体该怎么做呢？

1. 时间意识法则

清代文人袁枚说过一句到今天还被广泛引用的话："书非借不能读也。"这里边当然有当时买书没有今天这么方便的因素存在，不过细一琢磨借来的书和自己的书的阅读状态，就不难发现其中的差别。

借来的书我们总是惦记着要还，于是阅读时就有了时间的紧迫感，比如我们现在去图书馆借书，一本只能借一个月，所以如果一次性借了五本书，就会想着尽可能在一个月内把五本书都读完。而如果是自己的书，就会少了这种紧迫感，反正什么时候都能读，于是效率就低了。

时间意识在阅读效率里扮演了很重要的角色。在阅读过程中，阅读者有时间意识的话，阅读效率就会迅速提高。借书只是产生时间意识的一种因素，而我们由于倡导一边阅读一边在书上做标记，以便于我们做读书笔记，所以并不建议大家大量借书读，买书读同时拥有时间意识同样会提高阅读效率。

具体来讲，我们可以通过以下两点来强化阅读时的时间意识：

（1）对每本书制订阅读时间规划

"这本书花三天读完吧！""这本书每天睡前读一章左右，争取一周内读完。"——这样，我们就能更有效地控制读书时间。当然，阅读时间规划不能盲目来定，必须根据自己的阅读能力来判断，比如一本几十万字的书如果想在几小时内读完那显然是不太现实的，而且有的书我们还需要判断它的难易程度、重要程度来制订时间规划。

（2）对每天的阅读时间制订规划

"快要考试了，今天阅读时间只能有一小时，考完试再每天读三小时吧。""今天临时打乱了读书时间计划，通过在校车上阅读补上吧。"　　优秀的阅读者都是自律的阅读者，即便我们的计划可能会被打乱，但每天需要完成的阅读时间还是要尽量完成，通过把碎片时间利用起来的方式我们是可以做到每天都完成阅读时间规划的。

2. 重点意识法则

从一个写书者的角度客观地讲，大部分书都是有重要内容、次要内容和不重要内容的排序的，原因很简单，一本书最核心的部分可能占到全书内容的 20%，但为了讲清楚这 20% 的内容，需要再用 50%—60% 的内容来演绎，有时候为了完成字数要求，还会增加篇幅，就又增加了 20%—30% 的内容。

这其中尤其以商务书籍、实用类书籍更典型。所以在阅读时间有限的情况下，我们需要通过对内容的优先级排序来有针对性地分配阅读时间。

具体来讲，在时间有限的前提下，我们可以先大致了解一本书的结构和内容（文学类作品不太存在这样的需要，不在讨论之列），把一本书的内容分成三个序列：

必要内容——这部分内容是书的核心内容，是一本书的核心观点或核心论证过程所在。比如很多探讨社会科学的书籍，可能会开宗明义提出自己的观点和逻辑，然后再以大量的案例和调查来佐证自己的观点，那么开宗明义的部分就有很大可能性是必要内容。对于必要内容，我们需要仔细阅读，甚至读完全书后还需要再阅读一遍甚至多遍。

有用内容——这部分内容不像必要内容那样必须掌握，但了解后会对理解全书更有帮助，比如全书观点的一些时代、社会背景或者是佐证观点的案例等。在时间紧迫的情况下，我们对于有用内容可以进行比较快速的阅读，但如果读完必要内容后时间还是充裕的，那么我们就可以再细细读一下有用内容。

不重要内容——这部分内容可能是一些装饰性的内容，又或者是一些衍生的内容，对全书的观点、知识体系整体上并没有影响，于是我们在时间分配上可以采取时间紧迫时不读这部分内容，时间充裕的情况下也快速阅读这部分内容。

总之，一个有效率的阅读者是不会以同样的阅读速度和时间分配来对待一本书的所有内容的，而是先判断主次、重点，再决定时间的分配。

3. 略读法则

略读是快速阅读的技巧之一，它适用于时间紧迫的阅读情况，比如马上要考试了，手上这本参考书还没开始读；马上要开会了，会上要讨论的材料只有十分钟时间可以阅读了等。

略读只是对我们所阅读的内容获取一个概要式了解，而忽略细节。所以略读是阅读速度和结构判断力以及抓重点能力的综合实力。略读就像我们走在城市的街道上，有经验的人能迅速通过路标判断出主干道、方向，甚至街道的功能分布，因为有路标和一些标志物能告诉我们这些。所以，略读本质上也是从我们的阅读材料里找到那些"路标"的过程。

主题句——在说明性的内容或者观点性的内容里，有时候段落的第一句或者段落的最后一句是用来表达主旨的，也就是主题句所在。略读时对于主题句需要格外留意。

视觉标记——有很多书籍或者阅读材料为了方便阅读者在阅读时找到重点，会使用一些视觉标记，比如字号加大、加粗、下画线、斜体等，对于这些视觉标记，略读时是不能忽略的。

词语标记——有很多词语也起到标记作用，略读时通过留意这些词语往往能加快把握内容的逻辑和结构的速度。比如"首先""第一点"这样的词语告诉我们后边还有并列的"其次""第二点"；比如"但是""然而"这样的词语告诉我们内容在进行逻辑转折，需要格外留意一下作者的真正观点是什么；像"因此""总之""最后"这样的词语标记着作者要发表总结或者结论了，跟着的内容往往是重点；像"例如""比如""此外"这样的词语则表达后面跟的内容是详细的例子，时间紧迫可以不读。

所以当我们进行略读时，不仅要以最快的速度进行阅读，同时也要留意上面所讲的这些标记。限于篇幅我不展开讲解略读，有兴趣的读者可以找这方面的书来进行详细了解。

5.3 记住读过的内容

在所有跟阅读相关的烦恼里，"读过的书却跟没读过一样"可能是大部分人都会遇到的，"读过的书忘记了"也是很多人觉得自己阅读效率不高的主要问题。

为什么会忘记？这是因为我们大脑的工作原理就是需要不断忘记的。生理学研究指出，人类的大脑大约有1000亿个神经细胞，如果把我们见到的画面、听到的声音、闻到的气味、感受到的触觉等感觉信息全都记住的话，不到五分钟我们的大脑就到了承受极限。

所以大脑跟我们所用的电脑一样，需要不断删除文件，通过遗忘来腾出空间，然后用来记住那些我们刻意想要记住的内容。

1. 艾宾浩斯记忆曲线和记忆留存办法

我们记忆的清理速度比我们想象得还要快，德国心理学家艾宾浩斯把遗忘过程绘制成了一条曲线，称为艾宾浩斯记忆曲线。通过这条曲线我们可以清楚地了解到，读完一本书，20 分钟后我们就会忘记 42% 的内容，一小时后就会忘记 56% 的内容，一周以后基本上能记住的内容就很少了。

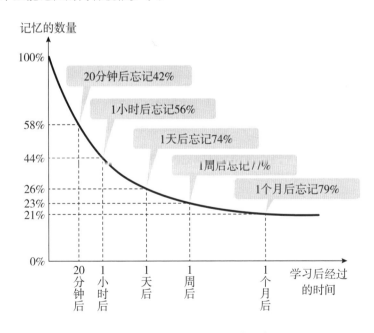

（图 5-2　艾宾浩斯记忆曲线）

这就是记忆的工作原理，所以我们遇到的"读完一本书过了一段时间像没读过一样"是正常现象。如果想要记住读过的内容，这就需要我们去主动记忆。主动记忆的原理就是通过重复记忆，把遗忘的部分拉升回来，几次反复后就形成了相对牢固的记忆。

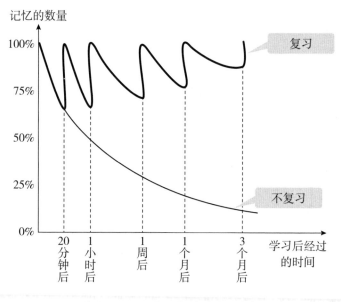

（图 5-3 重复记忆的遗忘对比）

所以，我们在学校学习课文时都是需要反复读很多遍才能背下来一段课文，我们的抄写或者其他作业有时候也需要重复几遍，这就是根据重复记忆的原理来设计的。但对于书来说，每本书都反复读好多遍，毕竟不太现实，需要花费大量的时间，所以我们还需要根据重复记忆的原理来设计一些更有效率的记忆办法帮助记住书的内容。

2. 通过笔记实现重复记忆

做读书笔记的过程本身就是重复记忆的过程，而且这种重复记忆比反复阅读更有效。因为做读书笔记时我们会以很高的专注力对全书的内容做一遍重温，然后筛选出记录到笔记里的内容，而且在做笔记过程中我们还会用缩写、提炼等方式再一次加深记忆。

不过尽管如此，遗忘还是会慢慢起作用，所以我们还需要通过重温读书笔记来进一步重复记忆。因为读书笔记是一本书的浓缩，所以重温笔记所耗费的时间比重读一本书要少很多，效果却不相上下，因此重温笔记是很有效的重复记忆法。

一般我们建议一个月重温一遍笔记，三个月再重温一遍，年底再重温一遍，这样重温三遍后基本上就形成相对稳固的记忆了，之后的重复记忆就靠对笔记本身的使用了。

3. 对阅读的书注入情感加深记忆

上语文课时，老师经常会要求同学们"带着感情朗读"，很多人刚开始能这么做，但慢慢就觉得幼稚而不会坚持这么做了。其实，带着感情朗读是有一定科学道理的，它能加深对所阅读内容的记忆。

人的大脑负责接收记忆的区域叫海马体，位于大脑正中位置，而在海马体的旁边，有一个负责情绪处理的区域，叫扁桃体，它们的位置关系如下图所示：

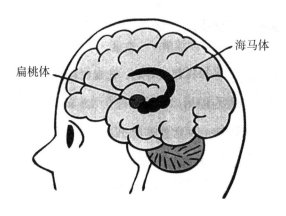

（图5-4　海马体与扁桃体）

我们可以看到扁桃体和海马体紧挨着。当我们受到情绪的刺激，比如喜悦、欢乐、忧伤、痛苦等时，扁桃体就会受到刺激，而扁桃体一旦受到刺激，旁边的海马体也会跟着认为"这个信息很重要"，于是就会把相应的信息作为记忆存储起来。

所以，如果我们对阅读的书籍注入情感，它实际上能起到加深记忆的作用。我们不妨回忆一下，有些书让我们读到感动得泪流满面，或者兴奋地跳起来，那些书我们是不是记忆更深刻？所以阅读时，我们要有代入感，把情感投射到书里，而不要刻意去控制情绪，要随着书里的内容释放自己的情绪。

4. 向别人讲述读过的内容

我在小学时参加过一个讲故事比赛，当时我讲了一个关于阿基米德的故事，这个故事我到今天还记得主要内容，甚至一部分细节内容。当然因为是比赛，所以讲故事的时候我是绘声绘色的，情绪的调动也起到了加深记忆的作用，但抛开这个因素，讲述本身就是很好的重复记忆方式。

我们在讲述内容的时候，需要调动我们的记忆，同时还要进行逻辑、结构、内容的梳理，这些都是在讲述前快速完成的，而这些对记忆的加工方式同时也在加深记忆本身。

所以经常向自己的父母、兄弟姐妹、朋友讲述自己读过的内容，这样会对记住读过的内容起到很大的帮助，甚至我们只要动一动这个念头，比如"这本书很有意思，一会儿要讲给同桌听"，就会对提升记忆有帮助。

🍃 5.4 有意识地"输出"

如果把我们的大脑比作一台电脑的话，阅读就是对这台电脑进行"输入"，即我们把读到的知识、信息输入到大脑的记忆存储区域，那么相对应地，"输出"就是我们调出存储区域里的内容，表达给他人。

我们把读过的内容用在写作上，是一种输出；我们把读过的故事讲给别人听，也是一种输出。不知道大家有没有发现一个现象，那就是我们输出过的内容，我们会记得特别牢，而且在输出时，我们还可能对内容产生新的认识。

其实在上一节最后我讲到过通过向别人讲述读过的内容来加深记忆，之所以这里还要单独拿出一节来讲，是因为"输出"的作用实在很大，但我们往往重视得不够，也不太会给自己创造条件来进行阅读内容的输出。

对于读过的内容，我们的输出方式有两种，一是说出来，二是写下来。

1. 有意识地创造"说出来"的条件

说出来就是讲述给别人听，这个听起来很简单，但实际上我们很少有机会把读过的内容讲述给别人听。很多人在小时候还会兴冲冲地跑去跟爸爸妈妈说："我刚读了一个很有趣的故事，我讲给你听好不好？"但随着年龄的增长，这种表达的愿望就几乎没有了。

但"说出来"不仅对加深记忆有帮助，"说出来"这一过程本身对我们表达能力的提升也有很大的帮助。所以，既然我们不再有向父母、朋友表达的愿望了，我们不妨创造一些其他条件进行"说出来"的表达。

（1）成立读书小组

读书小组是一个能帮助我们更容易"说出来"的组织。一般3至5个人组成一个小组，大家各自读自己的书，然后定期组织在一起，相互交流读过的书，这时候我们就能很自如地进行"说出来"的表达。每个人都可以以这样的开头进行表达——"我刚读完的书是×××写的《×××××》，这是一本关于×××的书……"，在这个过程中每个人都进行了输出，加深了自己对读过的这本书的记忆，同时还给别人提供了阅读的线索，或许你讲的这本书小组另一个成员也有兴趣读一下。

（2）录制读书节目

如果不习惯在很多人面前进行"说出来"的表达，我们还可以尝试通过录制节目的方式来表达。在今天的媒体环境下，表达的渠道很多，也很方便，通过一部手机就可以实现。比如我们可以录制音频节目上传到喜马拉雅 APP 或者荔枝 FM、播客等平台上，我们也可以录制视频节目上传到优酷之类的平台上。这些节目的内容就是你向别人讲述你读过的书，你可以自由地谈书里的内容、自己的理解，或者联想到的其他内容。录制节目的好处是你可以分享给很多人，或许有人喜欢你的节目，甚至有可能因为这些节目你就慢慢拥有了自己的表达阵地，或许还会有广告之类的额外收入。

2. 有意识地创造"写下来"的条件

我们在做读书笔记时其实已经有了"写下来"的表达，不过这部分是表达给自己的。输出的表达是我们要表达给他人的。通过"写下来"的方式进行内容的输出不仅能梳理我们对一本书的理解，起到加深记忆的作用，同时也锻炼了我们的书面表达能力，甚至进行书面表达时我们往往会有新的收获。

但尝试"写下来"，一开始是不容易的，我们可能会发现自己读的时候有很多感触、想法，但真要写的时候却不知道该如何下笔。其实这都没关系，"写下来"是需要一个过程的，就像我们在读书笔记最开始说的那样，可以用最简单的方式开始。重要的是给自己创造"写下来"的表达条件，然后坚持表达。

（1）在"豆瓣"上写书评

豆瓣网的"读书"频道是很多阅读爱好者分享自己"写下来"表达的一个平台，读者会在上面对自己读过的书标记评分、写短评，或者写长的书评。这是一个现成的平台，所以我们不妨在上面记录自己的"写下来"表达。具体的操作也很简单，每读完一本书，我们标记一下自己对这本书的评分，然后写一篇书评即可。我们也可以直接把读后感笔记复制到这个平台上，但它跟我们放在读书笔记本里是有区别的，因为这样的输出别人会看到，所以进行输出时我们要更注意表达的通畅、文字的优美，也会在意别人的感受。而在这样的平台上输出的好处是我们很快就能看到反馈，别人可能会喜欢你的书评，也可能会留言跟你交流，这些都是额外的收获。

（2）在"知乎"或者"简书"之类的平台上写专栏

有时候我们的输出可能不只是书评，可能是一个话题或一些我们关注的问题，正好借着读过的书的内容进行相应的输出表达，这时候我们可以尝试一些其他平台。比如"知乎"，这是一个知识问答社区，在这个平台上有很多别人提出的问题，你如果恰好能有一些观点、内容要分享，不妨在上面写回答或者专栏。另外还有一些专门的书面表达平台，比如"简书""橘子写作"等，可以帮我们实现书面输出。

本章小结

享受阅读带来的快乐是我们要坚持的，但提高阅读的效率也是我们所追求的，这两者并不矛盾，因为效率的提高往往会使我们收获更多的快乐。

阅读效率主要取决于几个因素：阅读速度、时间管理、判断力以及对内容的记忆度。本章我们分析了阅读速度的物理原理，讲解了提升阅读速度办法，也分析了影响阅读效率的其他因素，通过对时间意识、重点意识等的把控提高效率，最后我们也分析了记忆的原理，并通过笔记、情绪以及有意识地输出表达来强化对阅读过的内容的记忆。

关于阅读效率的追求我还需要强调一点，这条路是一条无止境的路，你刚开始尝试提升效率的办法时，可能很快就见到一些效果，但很快可能又发现进步缓慢了，我希望每个人能在享受阅读乐趣、坚持阅读习惯的前提下，适度追求阅读效率的提升，不要一味地追求速度和效率，忘了坚持阅读本身就是阅读的最佳效率。

本章练习

1. 对近期要阅读的书进行一次时间规划，看看是否能按照规划完成，如果没有顺利按照规划完成，分析一下为什么。

2. 对你最近刚读完的一本书进行一次"说出来"表达，你可以对你的父母、兄弟姐妹，或者你的好朋友进行表达。

第 6 章

不同类型读物的阅读技巧

在阅读过程中，我们会接触不同类型的读物，比如刚开始我们大部分是从文学读物开始的，读故事、读小说、读诗；然后我们可能会对自然界的很多现象感兴趣，比如想了解恐龙是怎么灭绝的、宇宙是怎么形成的，于是我们开始读自然科学的一些书；接着我们可能开始对一些历史事件、社会现象感兴趣，想要了解它们背后的原理或者原因，于是我们开始读历史、社会科学的一些书；有时候我们需要学一些技能，会读一些实用型书籍，比如你正在读的这本书就是教你怎么更好地进行阅读的，是一本实用类书；有时候我们又会思考一些深刻的问题，比如人活着到底为了什么，这时候我们需要读一些哲学书……

不同类型的书籍在创作上有不同的技巧，所以相应地，我们在阅读时也需要用不同的办法来对待。总的来说，随着我们阅读量的增加，我们会自然而然地掌握不同读物的阅读办法。但如果提前了解一些注意点或者小技巧，可能会让我们在阅读不同类型的书籍时更有效率，也能享受到更多的乐趣。

所以本章的内容与其说是不同类型读物的阅读技巧，不如理解成阅读不同类型读物时需要了解的注意事项，了解这些，你会读得更顺畅、更有趣味。

6.1 怎样读文学书

文学书可能是我们最爱读的一类书籍，尤其是小说、故事这类我们称之为想象文学的书。

本雅明在《讲故事的人》一文里对"故事"做了一个独特的定义，他说"故事是来自远方的亲身经历"，这里边表达了故事的两个特性，第一个是"来自远方"，说明故事跟我们是有距离的，并不是我们日常经常能经历到的；第二个是"亲身经历"，说明故事又有让人信以为真的力量。这两点也是我们对故事着迷的原因，故事超越日常又让人感同身受。

文学书也是很多人最开始接触的书籍。大部分阅读者都是从一些童话故事、传说故事等进入阅读领域，再慢慢尝试其他类型书籍的。可以说文学书籍是启发我们探索其他类型书籍的源头力量，科幻故事里蕴含着让人探索宇宙奥秘的动力，很多人可能会因此想去读自然科学的书来进一步了解；一些经典的名著小说比如《基度山伯爵》《战争与和平》等又能让我们对了解人性、社会以及一些哲学命题产生兴趣，进而启发我们去读这些书籍。

所以，文学书对任何一个阅读者都很重要，阅读文学书比较容易入门，但能读与会读又是两个概念。比如，在初中、高中语文课上老师会陆续讲解一些文学经典著作，我们就会发现，一本名著经老师讲解就能解读出里边很多的隐喻、象征、讽刺和其他更多的意义来，而我们自己阅读时除了觉得故事本身很好看以外，似乎就不太能接收到更多信息了。

有人或许会反驳说，读故事和小说本身就是为了娱乐，没必要去分析和琢磨那些意义什么的。这对一些以消遣为主的通俗小说倒没问题，但对于那些经典文学著作就有些可惜了。我们如果稍作研究就会发现，大多数伟大的作家，一辈子也就是写几部小说，所以这些作品里蕴藏着他们最深刻的思考，如果我们不能进一步获得，那就像面对一个宝藏时我们只能在外面看热闹一样。

那怎么挖掘蕴藏在文学作品深处的宝藏呢？我们可以试着从三个层面入手。

1. 故事模式，这个故事是不是跟我读过的哪个故事有点像？

前面章节里我们提到过一本美国作家菲茨杰拉德创作的经典中篇小说《了不起的盖茨比》，这部小说以 20 世纪 20 年代的纽约市及长岛为背景，讲述了大富翁盖茨比每晚都在自己的别墅里举行豪华派对，过着纸醉金迷的生活，其实只是为了能见自己曾经的爱人黛茜一眼。

然而，当两人终于见面后，盖茨比发现，原来一切不过是自己的一场梦，曾经的女神现在也和别人一样是一个世俗的物质女郎。更要命的是，不久后，黛茜开车撞死了丈夫汤姆的情妇，而汤姆又将这一切嫁祸到盖茨比身上，最终导致盖茨比被害。了不起的盖茨比的一生凄凉地落下了帷幕，曾经的豪宅变成了一片荒芜。

我们如果去总结，会发现这个故事讲述的是从繁华到没落，灿烂到极致然后又消散，然后可能就会想起，《红楼梦》好像从大的结构上也是这样一个故事。

之前讲到主题阅读时，我们还对比过《魔戒》《绿野仙踪》和《西游记》，我们发现这三个故事其实都有一个相似的模式，那就是原本不相识的人因为一个共同的目标组队去冒险。

在小说故事的世界里，虽然有无穷尽的小说，但其实故事模式是相似的，好莱坞对故事模式进行过总结，认为一共有十个故事引擎模式，分别是房内怪物、组队寻宝、愿望成真、天降横祸、成长之路、终身伴侣、侦探解密、小人物逆袭、挑战制度和超级英雄。

以组队寻宝模式为例，一般都是主角最弱，比如《西游记》里的唐僧、《绿野仙踪》里的多萝西。而团队成员则分工合作，各有优缺点，比如《西游记》中孙悟空负责降妖伏魔，猪八戒负责牵马，沙和尚负责挑担。《绿野仙踪》中稻草人并非肉体之躯，不怕饿不怕冷，什么都不怕，除了一根划着的火柴；铁皮人也不是肉体之躯，但强壮有力，能够用斧头劈出一条路来，唯独怕水；狮子跳跃能力佳，靠吼叫吓跑敌人，其实他很怕，缺乏勇气。

组队寻宝的模式一般最后都是历经磨难达成目标，这里的"宝"可以是宝藏，也可以是经书，还可以是无形的，比如梦想、目标这些。电影《拯救大兵瑞恩》也是这个故事内核。

虽然故事模式是相似的，但我们仍然会沉迷于每一个单独的故事里，但如果我们在阅读小说或者看电影时能稍微跳出来想一想，这个故事是不是在模式上跟我们之前看过的哪个故事有点像，我们或许能获得一些不一样的乐趣和收获。

2. 人物原型，这个人物跟我所知道的哪个人物相似？

除了故事模式以外，小说塑造的人物很多时候也有相似点。比如伯内特的《小公主》里面的主人公沙拉是个可爱的小姑娘，她的妈妈很早就去世了，她遇到了一个刻薄无情的老师，老师让她住在寒气逼人、满是老鼠的阁楼里，经常让她干粗活重活；她还有两个同学不断给她制造各种麻烦。幸运的是，她的邻居一直在暗地里帮助她，最后还夺得了她的抚养权，使她过上了幸福的生活。

细细琢磨一下，这个故事跟《灰姑娘》很像，灰姑娘的继母和沙拉的老师很像，灰姑娘的两个姐姐和沙拉的两个同学很像，灰姑娘被王子拯救，沙拉被邻居拯救。所以沙拉和灰姑娘这两个人物都是陷入困境的善良弱小的形象。

有时候我们还会发现很多故事里那些强大的英雄人物都有着一些致命的弱点，孙悟空一念紧箍咒就疼得满地打滚，超级英雄里超人力量强大却对氪石过敏，这些人物都有点像希腊神话里的阿喀琉斯，一个战神一样的人物，脚后跟却是他的最大弱点，所以我们把这种缺陷称为"阿喀琉斯之踵"。

在阅读故事类文学作品时，如果我们能留意到这些人物的相似性，就会不断获得一种"咦，这个人物我有点熟悉"的感觉，而这种朦胧的感觉会不断把我们推向更高级别的阅读。

3. 特别的细节，为什么要这么设置？

好的文学作品中每一个设定都是有目的的，所以当我们读到一些特别的细节时，一定要留意一下，问自己一个问题：作者为什么要这么写？

比如我们读安徒生童话《丑小鸭》，丑小鸭生来丑陋，连妈妈都嫌弃它，但最后我们知道它的丑陋是因为它其实是一只天鹅，所以和别的小鸭长得不一样。由于作者写丑小鸭的"丑"，使得我们知道真相后感觉更加震撼。

再比如《巴黎圣母院》里的敲钟人卡西莫多，他有几何形的脸，四方形的鼻子，向外凸的嘴，上帝把一切丑陋都给了他，但其实卡西莫多有着善良的内心，是真善美的代表。正是由于作者把卡西莫多描写成一个丑陋的人，这种真善美才更加打动我们。

不仅是人物外貌这样的细节，人物的生病可能也是有特别的用意的，故事里天气可能也是为了加重某种感情的，比如很多故事都发生在大雨天里，因为下雨会让故事更有打动力，而大雾则意味着混乱和困惑，在《哈利·波特》系列里，大雾弥漫时可能就是可怕的生物——摄魂怪要出现了。

这种种特别的细节，我们如果慢慢尝试去留意，就能读到作者更多充满机巧的设计，而在这种阅读中，我们得到的乐趣和收获也是普通阅读所不能比拟的。

关于如何阅读文学故事书，展开来讲可以讲上一整本书，限于篇幅我们只能浅尝辄止，希望每一位同学在阅读时都能留意到原来文学作品还可以这样读，对于有兴趣了解更多的同学，我推荐大家读一本书，美国作家托马斯·福斯特的《文学课：如何轻松理解伟大作品》。

🍃 6.2 怎样读哲学书籍

哲学书听起来离我们很遥远，仿佛是大人们才会去读的一类书。但实际上我们有时候会冒出一些奇奇怪怪的问题，比如"为什么会有人类？""人为什么会死？""宇宙从哪里来的？"这些问题有好些就是哲学问题。

哲学是追求智慧的学问，而我们提的问题正是引导我们去思考、发掘我们的智慧的开始。哲学因好奇心开始，以思考为工具去追求智慧，所以哲学并不是什么人的专职或专利，我们每个人都应该去接触了解。

哲学同时也是一种生活态度，不是什么高深的学问；是一种实践的能力，透过行为把自己心中的信念表达出来的能力，因此每个人的生活态度便反映了他的哲学观。

但这样讲仍然很抽象，因为对我们来说，哲学书从何入手是一个难题，大部分哲学书读起来会让我们觉得有些困难，有些晦涩难懂，这时候我们可以通过以下两个方面尝试进入。

1. 从故事入手

故事是我们比较容易接受的文字形式，所以我们刚接触哲学时可以从故事入手，通过跟哲学相关的故事了解哲学史以及哲学的一些命题和基础概念，这能使我们在比较早期的阶段建立哲学意识，等到真正开始学哲学时会更容易入门。

哲学故事方面的书，有两本可以推荐。

第一本是挪威作家乔斯坦·贾德的《苏菲的世界》。这本书以小说的形式，通过一名哲学导师向一个叫苏菲的女孩传授哲学知识的经过，揭示了西方哲学发展的历程，这也是很多人的哲学启蒙书。

14 岁的少女苏菲某天放学回家，发现了神秘的一封信。——你是谁？——世界从哪里来？于是，在某个神秘导师的指引下，苏菲开始思索从古希腊到康德、从祁克果到弗洛伊德等各位大师所思考的根本问题。与此同时，苏菲不断接到一些极不寻常的来信，世界像谜团一般在她眼底展开。

通过这本书，我们可以很好地了解哲学史，也能在引人入胜的故事中对哲学的命题有个全貌式的了解。

第二本是美国作家威尔·杜兰特的《哲学的故事》。威尔·杜兰特是普利策奖和自由勋章获得者，他终生致力于将哲学从学术象牙塔中解放出来，让它进入普通人的生活。《哲学的故事》出版后，第一年连续再版 22 次，迅速译成 18 种语言，掀起了世界范围的哲学热潮。

苏格拉底服毒、柏拉图逃亡、亚里士多德被流放，为了真理师徒三人前仆后继；培根立遗嘱托付把"灵魂送给上帝，把躯体留给泥土，把名字留给后世"；伏尔泰和卢梭两人合伙"击垮了法国"……威尔·杜兰特以苏格拉底的谦逊、伏尔泰的洞察力和恒心、罗素的冷静，用生动幽默的文笔，将哲学思想融合于血肉之躯，记述了从苏格拉底到约翰·杜威等有史以来的主要哲学家，让读者在最短的时间内，用最有趣的方法读懂漫长的哲学发展和艰深的哲学精髓。这本书可以让我们通过哲学家的故事接触哲学概念。

2. 从问题入手

提问题是我们认识世界、思考世界的方式，"是什么""为什么"，有时候答案是什么并不重要，重要的是问题本身，这些问题表明了我们对事物以及事物之间的关系开始感兴趣，并试图去理解、认识它们。

当我们向世界提问时，我们已经在自觉地靠近哲学了。这些问题我们可能需要通过阅读获得解答，但好的哲学书在面对问题时不会仅仅给出"是什么""为什么"的固定答案，而是会引导我们自己去思考。

在问题这个层面也给大家推荐两本书。

第一套是面向年龄段比较低的孩子们的，叫《儿童哲学智慧书》，一共九本。这是一套图文并茂热销全球的优质哲学图画书，集合了孩子们最常提出的诸多问题——从生命起源，到自我认识，从日常生活，到人际交往……这些问题看似简单，却是生活中最常见的好奇与迷惑，而它背后是人生必须解答的哲学思考。

作者奥斯卡·柏尼菲是一位哲学博士和师资培训人，更是一位畅销童书作家。他在世界各地建立了哲学工作室，推广成人与儿童哲学智慧课程。

对于年龄稍大一些的孩子，我推荐美国作家杰克·鲍温的《织梦人》。

《织梦人》也是一本小说体哲学入门书，与《苏菲的世界》不同的是，《织梦人》是从一个个单独而又互相联系的哲学问题的角度进行展开。在这本书里，我们会与 14 岁的男孩伊恩一起，进行一系列奇特的游历。

在每一章，伊恩都会遭遇一场发人深省的历险，跟随他，读者会追问那些永恒的哲学问题。

至于阅读哲学书的技巧，我们在这个阶段还不必太着急，了解了哲学的基本概念和问题后，有一天我们会敲开哲学的大门。

6.3 怎样读自然科学和社会科学书

自然科学和社会科学往往在我们的学习进展到一定程度的时候就会被分开来处理，比如到高中时，我们会分文科和理科，文科主要面对经济、政治、社会、法律、历史、教育、传播等研究人类社会的各个学科；而理科主要面对数学、物理、化学、生物等研究自然界规律的各个学科。

但实际上这两大类学科有很大的相似性。首先，它们都是研究现象和规律的学科，从现象中总结规律，或者假设一种可能性去寻找对应的现象，只是这其中用的方法有差异，社会科学用调查、统计、逻辑推理，自然科学用实验、公式推演。其次，两者都注重概念、定义、逻辑推理，都需要严谨的态度。

所以从某种程度上，这两类书籍可以用类似的方式去对待和阅读。

1. 花时间梳理书中探讨的主题

一般一本自然科学书或社会科学书都会明确聚焦在某一个主题上，这个主题就是这本书的研究范围。当我们阅读它们时，不必马上开始阅读内容，而是应该先思考一下，对于这个主题我们已经了解的有哪些内容，我们存在疑惑的一些问题是什么，我们又期待在哪些方面得到解答。

开始阅读后，我们也要在初始阶段放慢速度，要把作者阐述的主题吃透。这是一个事半功倍的过程，我们花在主题上的时间越长，了解后面的内容就越容易。

比如我们读历史题材的书《大明王朝的七张面孔》，我们首先要明白这本书探讨的主题是"明朝"，我们需要先梳理对于明朝我们已有的知识体系，如果让我们自己选"七张面孔"代表明朝，我们会选哪些人物？明朝在我们的认知中是一个什么样的朝代？梳理完这些问题后再去读，我们就会不断和书里的内容进行对话。

对自然科学书籍也是如此，比如读《昆虫记》，我们就要先梳理"昆虫"这个主题，什么是昆虫？我所熟悉的昆虫有哪些？昆虫与人类生活的关系是怎样的？然后再去阅读，会达到更好的效果。

2. 关注概念，吃透概念

自然科学书和社会科学书从某种程度上都是专业书籍，它们聚焦于某个特定的领域，所以也会有大量专业术语。

不过一般书里也会在概念或者专业术语第一次出现时进行详细的解释，一旦我们没理解透概念，那么我们在阅读时就会云里雾里，不知道这本书到底在谈论什么。所以在读这类书籍的过程中当一个新名词或者新概念出现时，我们要打起万分的精神，要反复推敲，确保概念和名词已经理解了才能继续前进。

比如我们读自然科学书籍《自私的基因》，如果不能在一开始了解清楚"基因"这个概念，那可能整本书对我们来说都是陌生的语境。再比如我们读社会科学书籍《小岛经济学：鱼、美元和经济的故事》时，我们需要理解其中关于货币、消费、储蓄等的概念，才能保障整个阅读顺利进行下去，并且读懂作者的意思。

3. 理解方法和逻辑

读自然科学书和社会科学书是急不得的，也尽可能不要跳着读，我们需要按照作者的思路顺着读下来，而且在推理的关键环节还要跟着进行反复推敲。

其中尤其要注意的是一本书所用的研究方法和上下文的逻辑关系。我们不一定要同意作者的观点或者结论，但一定要会审视作者的方法是否科学，逻辑是否合理。在阅读这类书籍时，思维导图工具是非常有用的，能帮助我们梳理逻辑，摘抄笔记和读后感笔记反倒没那么必要了。

最后给大家推荐两本书，一本自然科学书籍，一本社会科学书籍。

《万物简史》【美】比尔·布莱森

这是一部有关现代科学发展史的既通俗易懂又引人入胜的书，作者用清晰明了、幽默风趣的笔法，将宇宙大爆炸到人类文明发展进程中所发生的繁多妙趣横生的故事一一收入笔下。它是欧盟委员会笛卡儿科普奖获奖作品、英国皇家学会安万特奖获奖作品、美国《科学》杂志最佳科学著作之一，已被译成近40种国家和地区文字。

《小岛经济学——鱼、美元和经济的故事》【美】彼得·D.希夫，安德鲁·J.希夫

这个故事是著名经济学家欧文·希夫在一次全家自驾游时为了消磨时间讲的。当时堵车，欧文就想给两个年少的儿子讲点儿经济学的基本知识，而讲的就是"鱼的故事"。

"从前，有三个人住在一座岛上。这座小岛地处热带，却不是天堂。这里生活艰苦，没有任何奢侈品，而且食物的种类极少，他

们的菜单上只有一道菜：鱼。直到有人发明了渔网。"

几十年后，他的两个儿子扩展父亲讲的这个故事，于是就有了这本书。这个关于鱼、渔网、存钱、借钱的故事揭示了经济是如何运行的，映射出当今经济体制与政策暗藏的漏洞。

6.4 怎样读实用型书籍

实用型书籍在我们的学习和生活中是普遍存在的，它们的主要作用是向我们传授某项技能或者指导我们从事某项具体的事务。比如你正在读的这本书就是一本实用型书，这本书的作用是指导你如何的阅读。

我们捧起某本实用型的书来阅读，大部分不是出于好奇或者内容本身的吸引，而是我们希望通过阅读这本书，学会或者提升自己某一方面的技能。所以阅读实用型书籍，达到"实用"是主要目的。

基于这个目的，在阅读这类书籍时，我们要注意以下三点：

1. 选择对你有用的重点来阅读

实用型书籍是不必一定要读完的，我们只需要去寻找对我们有用的部分就好。我们可以把实用型书籍比作一本菜谱书，我们当然不需要把菜谱上所有的菜都学会，而是只需要直奔主题——我们想要学会的那些菜。对于其他实用型书籍也一样，我们可以通过目录找到我们需要的部分，然后去学习、掌握其中的内容。

比如你现在在读的这本书，如果你觉得阅读笔记这部分是你最需要掌握的，那你就可以直接跳到阅读笔记相关章节进行阅读，其他内容你可以不读或者迅速浏览看看是否还有可以重点阅读的内容。

2. 用思维导图笔记理清内容

实用型书籍一般会涵盖理论、示范、方法等几块内容，这类书的作者往往都是某个领域的专业人士，他们会先梳理相关的知识点，然后给出一些具体的方法供读者去尝试实践。

所以，实用型书籍是非常适合用思维导图笔记来整理的，我们需要厘清哪些是这本书梳理的理论和知识点，哪些是具体的方法，摘抄笔记和读后感笔记就不一定要去做了。

在阅读实用型书籍时我们也不必完全同意作者，因为有时候对别人有用的方法对你未必有用，所以整理笔记时我们要用谨慎的态度对待，必须明白这些只是这本书的作者的观点、总结和方法，而不是你的。

3. 按照书中的方法去实践

实用型书籍之所以能"实用"，是因为我们在阅读之后真的会去用，如果我们不去试着实践，那么实用型书籍对我们而言就是一次浪费时间的阅读了。所以，在阅读实用型书籍后，无论是同意作者的观点还是对此持怀疑态度，我们都应该试着按照书中的方法实践一下，只有这样我们才能检验这些方法的实用性。

比如这本讲阅读的书，你可能读到现在对一部分内容认同，对一部分内容不认同，这都没关系，但每一位读者都应该去试一下按照这本书所建议的方法做读书笔记、管理阅读生活、建立阅读习惯，不然这本书就白读了。

6.5　怎样读报纸、杂志

报纸、杂志曾经是很多人的日常读物，但随着互联网和新媒体的日益发展，今天，人们几乎不读报纸、杂志了，但我还是要单独写上一节的原因是，报纸、杂志的阅读和今天我们用手机、平板电脑在各种应用、网站上进行的浏览阅读本质上是一样的，它们都是碎片化阅读。

碎片化阅读也被称之为浅阅读，它是我们利用短而不连续的时间片段进行简短而少量的阅读。比如我们读报纸或杂志，经常是在坐地铁、坐公交，或者坐飞机时随便翻翻，即便是在家里读也是随手拿起来翻一会儿。我们用手机、平板电脑在各种应用软件、网站上进行的阅读也是一样，可能我们会在课间休息时拿手机看看朋友圈里的文章，但一有消息来我们可能就退出阅读了。

碎片化阅读因为无法帮助读者进行深度思考、读到真正的价值而被阅读专家批判，但同时我们必须知道碎片化阅读是我们目前生活环境和生活方式下不可避免的，所以我们只能尽可能在阅读时少进行碎片化阅读，而在我们不得不碎片化阅读时，通过一些办法提升碎片化阅读的效果。

1. 建立碎片笔记

读报纸、杂志或者用手机进行碎片化阅读时，我们的读书笔记就很难实现了，甚至在进行碎片化阅读时我们都不会带着读书笔记本，但实际上碎片化阅读有时候也是能让我们遇到一些很有启发的内容，比如一句特别有感触的话、一个很好的小段子或者故事等，错过这些碎片化阅读就更碎片和无意义了。

这时我们可以通过碎片笔记来进行收集。具体怎么做呢？这有点像读报纸、杂志时我们常用的剪报的方法，当我们读到好的内容时用剪刀剪下来收集起来，然后找一个时间集中分门别类贴在我们的读书笔记本上。

我们用手机、平板电脑进行碎片化阅读时当然无法进行剪报，这时我们可以用截屏代替，看到好的句子、段落、故事，就用截屏的方式记录下，然后统一放在一个文件夹里，比如我用来放这些碎片的文件夹就叫"碎片"。

还有一个办法会更有效，我们可以定期整理这些碎片，挑其中好的用一些快速便捷的工具进行打印，比如我用的一款工具叫"喵喵机"，能快速把这些碎片变成打印出来的纸张，然后就可以贴在读书笔记本里了。

2. 合理利用，零存整取

碎片化阅读让大家诟病的主要原因就是太碎了，难以进入有深度的阅读，而单纯的碎片信息对我们的价值其实是不大的，尤其在知识体系的建立方面。不过我们如果能对碎片化阅读进行适当的干预，合理利用碎片化阅读的时间，通过碎片笔记进行零存整取，或者会取得意想不到的效果。

所谓零存整取就是我们在一段时期内，对碎片化阅读进行一些主题的限定，比如某一段时期只读跟人工智能相关的碎片文章，看到对你有用的信息就通过上面讲到的碎片笔记保存下来，这样一段时间后，我们就保存了大量的碎片笔记，这时我们再集中处理这些碎片笔记，通过联想、整理、融合，有可能你会发现你在人工智能这个领域已经积累了不少有用的知识了。

本章小结

不同的读物有着不同的特点，所以对我们的阅读技能也有着不同的要求。我们可以浅尝辄止，但如果我们想要充分获取每一本书带给我们的价值，我们就要掌握一定的技巧，并对不同的读物区别对待。

本章我们讲解了文学书、哲学书、自然科学和社会科学书以及进行碎片化阅读时需要注意的点，也在其中推荐了一些可以尝试阅读的书。

本章练习

1. 选一本你读过的故事类书，试着用本章的阅读技巧去分析故事模式、人物原型和书中的一些细节，看看是否有新的发现。
2. 尝试做一周的碎片化笔记，看看我们每天刷手机除了浪费时间以外，这种碎片阅读能否也带来一些有价值的东西。

第 7 章

养成陪伴一生阅读习惯的 10 条建议

到目前为止，我们已经了解和学习了阅读的方方面面技巧，从选书、购书到读书、做笔记，以及针对不同类型书籍的不同阅读办法。

但是，除了技巧以外，阅读最重要的是习惯，甚至我觉得习惯的养成本身比技巧还重要，因为技巧是一时的，而习惯是一生的，而且只要阅读习惯养成了，随着阅读量的增加，阅读技巧自然也就慢慢积累了。

但阅读习惯的养成很大程度上只能靠个人自己的努力和坚持，旁人的方法或者建议终究是隔着一层的，所以对于习惯的养成最重要的一条建议是——**找到适合自己的方式，坚持下去。**

其他的建议可以作为一种提醒，当你有一天忽然停了阅读或者想通过一些事提醒自己阅读时，不妨翻到这一章读读以下建议。

1. 在枕头边放上一本书

欧阳修在《归田录》里说："钱思公虽生长富贵，而少所嗜好。在西洛时尝语僚属言：平生唯好读书，**坐则读经史，卧则读小说，上厕则阅小辞，**盖未尝顷刻释卷也。"欧阳修据此提出了写作构思

"三上"，即"马上、枕上、厕上"。

其实"三上"并不是指具体的地点一定要在马上、枕上、厕上，才有阅读或写作的灵感，而是说随时随地都在阅读和构思。习惯是需要提醒的，环境和氛围的提醒是习惯养成不可缺少的部分。

所以我们不妨在自己的书桌上、枕头边甚至厕所里都放一本书，这些书可以提醒我们"打开阅读吧"。另外，一盏合适的床头阅读灯也是非常有用的工具，每天睡觉前坚持阅读半小时以上，而不是刷手机，这样不仅能让睡眠更好，阅读的习惯也更容易养成。

2. 经常逛书店、图书馆

虽然现在通过手机、网络买书很方便，但书店和图书馆仍然是一个充满吸引力的场所。书店和图书馆的作用不仅仅在于去选书、买书、借书，而是一种氛围的熏陶，有时候我们不一定是抱着明确的买书目的逛书店，我们可以把书店、图书馆当作一个精神放松的场所。

就像我们的身体需要锻炼一样，我们的精神也需要锻炼，需要让它沉浸在一个合适的环境里。这时候，一个充满书、空间明亮，甚至有着淡淡咖啡香的安静空间会是一个很好的选择。今天的书店和图书馆已经不再是以前那种纯粹为了卖书、借书而设置的了，它们更像是一种阅读生活方式的呈现空间，书店里会有咖啡和饮料，还会卖笔记本、一些创意物品，图书馆也有各种各样的呈现方式，我还见过一个国外的图书馆里边甚至有缝纫机、自制个性 T 恤等服务。

所以我们完全可以找一个家附近的书店，变成我们经常去逛的场所，或者每次跟父母一起逛街时去书店待上一会儿，随便翻翻新出版的书籍，感受一下松弛的阅读氛围，这会让你觉得阅读真的是一件美好的事。

3. 自己选书、买书

我们很难爱上别人强加给我们的东西，哪怕这个东西我们本来是喜欢的，但由于是强加的，可能也会让我们不自觉地产生排斥心理。面对阅读时，我们一定要慢慢把选书、买书、借书的权力掌握到自己手里。

关于选书、买书的方法我们在前面章节已经有详细讲述，在这里提醒一点的是这个并不容易，因为父母对我们的信任是需要慢慢建立的，并不是我们拿出购书清单他们就能相信我们自己能管理好阅读这件事，这时候不要急，不要就此觉得随想笔记、购书清单这些都是没用的，或者觉得这个可能只对别人的父母有用，我们要耐心地解释，通过坚持提交购书清单、买回来书都能很好地阅读等实际行动证明自己。

相信我，这件事值得你耐心对待，一旦你掌握了选书、买书的自主权，你才会真正从中获得足够的乐趣。

4. 开始拥有自己的藏书

我们自己选的书、自己买的书，自己要珍惜。这种珍惜不仅包括认真去读，也包括认真收藏、管理。对待每一本书就像对待一个朋友，这样，我们的阅读习惯就会更进一步。

我常用的做法有这几项：第一项是盖藏书章，我给我自己的每一本书都盖上藏书章，然后写上购入时间，如果没有藏书章我们可以在扉页写上"×××藏书　购于××××年×月×日"；第二项是每本藏书我会按照它的类型进行书架摆放，小说跟小说放在一起，有时候同一个作家的作品也会放在一起；第三项是新增每本藏书我都会往我的电子表格里录入这本书的信息，因为随着书的增加，有时候自己也记不全，但打开表格就能看到完整的。

做这些工作的时候我会感觉自己像一个图书馆管理员，但不一样的是我管理的都是自己的书，这种感觉很好，会使自己更想阅读和增加更多的书。

5. 用喜欢的本子做笔记

关于读书笔记的重要性，前面已经讲得够多。开始做读书笔记并没有那么难，我们可以从最简单的一句话笔记开始。而让我们爱上读书笔记这件事的，除了降低开始的难度以外，最重要的就是增加读书笔记对我们的吸引力。

所以我坚持一定要用自己喜欢的本子做笔记。其实不止本子，最好笔也是自己喜欢的，氛围也是自己喜欢的，总之，我们可以营造做读书笔记的美妙度。

一旦我们坚持做一段时间的读书笔记，这件事就基本能坚持下去了，因为当我们用完第一个本子，就会感受到沉甸甸的成就感，就会对第二个本子充满期待，我已经不知不觉用掉近百个本子了，你不想试试吗？

6. 坚持做读书笔记

读书笔记就像写日记，一旦停下来就会产生惰性，再要开始就很难了。所以一旦开始，希望大家能每读一本书就做一个笔记，当然这不意味着每一本书我们都必须做完三种笔记形式。

有些书我们可以只做摘抄笔记，有些书我们可以只做思维导图笔记，有些书我们可以只做读后感笔记，有的书我们读完可能觉得很烂，不值得做笔记，这种情况我也还是劝你记录一下，哪怕只记录一句话笔记，写上"×××书于×年×月×日读完，很烂"也是好的。

还是拿日记打比方，我们写日记时有时候会遇到今天确实是平淡的一天，真的没什么可写的，这时候不妨写下"今天是平淡的一天"，过两天可能还是平凡的一天，你可以写下"今天又是平淡的一天"。这些记录是有意义的，因为将来你会看到这一年哪几天过得很平淡。读书笔记也一样，我们需要记录最真实的，也需要坚持做笔记。

7. 找到同样喜欢阅读的伙伴

在关于阅读效率和阅读记忆的内容里，我们曾讲到过，阅读最好的效果就是进行输出，比如向别人讲述你读过的一本书。这个是有科学依据的，美国国家训练实验室的研究证实，听讲、阅读、听与看这些被动学习的吸收率分别只有 5％、10％、20％，而展示、小组讨论、实作演练、转教别人这些主动学习吸收率能分别达到30％、50％、70％、90％，这其中最高的就是转教别人。

所以我们可以通过成立阅读小组相互分享自己读过的书来完成这项主动学习，而且阅读小组的形式可以让大家相互鼓励，相互较劲，读的书会越来越多。

所以，我们何不现在就开始找找身边同样喜欢阅读的小伙伴，向他们发出邀请呢？

8. 听书、看读书类节目

很多人问我，听书算不算阅读，我想也是算的，虽然听的吸收率只有 5％，是阅读吸收率的一半，但有时候我们会遇到不能很好进行阅读的时候，这时听书也是不错的替代方案。比如我利用上下班开车时间听完了好几本书，对于听完的这些书我也用读书笔记进行巩固。

还有一些读书类节目（电视节目或者视频网站上的节目），也是值得一看的，它们能给我们提供另一种视角，看看别人是怎么阅读和理解一本书的。我个人尤其推荐梁文道先生在优酷上做的一个叫《一千零一夜》的节目，大家有兴趣可以找来看看。

无论听书还是看读书类节目，它们都不能取代阅读本身，它们只是替代方案，这点我们必须谨记，阅读这件事没人能替代我们自己。

9. 拥有电子书

很多对纸质书偏爱的人都反对阅读电子书，不过我们理性地来看这件事的话，阅读最重要的是阅读本身，而不是书的形式。纸质书当然有它不可替代的优势——拿在手里的感觉、可以随意翻页、更方便做标记，但电子书也有它的一些优势——携带更方便、更省钱。

我说的电子书不是用手机中的阅读器来读，这样太伤眼睛，而且也不容易做笔记，是不推荐的。我建议喜欢阅读又有阅读电子书需求的同学还是应该购入一个 Kindle。电子书的好处是出门、旅行时携带很方便，做笔记也不麻烦，先在 Kindle 里做记号，然后再在读书笔记本里做笔记就可以了。

电子书是我们阅读纸质书的一种替代方案，跟听书一样它不能完全替代，但在我们无法阅读纸质书的情形下却是一个不错的选择，它跟听书的作用一样，都是在有难度的情形下营造阅读环境，促进阅读习惯的形成。

10. 经常做读书计划

我们可能会在每学期开始的那几天做一下学习计划，这个计划我们未必都能实施，但有了这个计划，这一学期的学习就有了目标和具体的指导，形成了自我约束。

这种自律是非常有必要的，阅读也同样需要这样的自律。我建议每一位希望建立阅读习惯的读者都应该以一个学期或者一年为周期做一下阅读计划，在计划里规划一下自己的阅读量，比如今年想完成多少本书的阅读，哪些领域的书要重点读一些等。

即便我们到年底回顾发现并没有完全实现计划也没关系，这些计划至少帮助我们记录了我们的设想，没实现我们也可以分析是哪些原因导致我们没有完成计划，这会帮我们更加完善下一次的计划。在计划、执行、总结这个过程中不知不觉习惯就更被巩固了。

最后，愿每一位读这本书的读者都能从阅读中获取快乐，并借此养成陪伴一生的阅读习惯。

后记

阅读其实是一件私人的事。

每个人都有自己的阅读趣味，有的人偏爱小说故事，有的人喜欢哲学思辨，有的人喜欢理性科学的世界，有的人沉浸在艺术的国度，所以，我虽然喜欢读各种类型的书，也经常发现自认为的好书，却很少向别人推荐书。

每个人也都有自己的阅读方法，有的人喜欢一边做笔记一边阅读，有的人喜欢纯粹读书而不做笔记。即便是笔记，有的人喜欢康奈尔笔记法，有的人喜欢日本的一些阅读专家建议的笔记法，所以虽然我坚持阅读了将近 30 年，却从来没想过要把自己的阅读方法整理出来分享给他人。

契机来自于 2018 年的冬天，有几个朋友向我征询如何引导他们的孩子进行更好地阅读的建议，之后更是建议我举办一个冬令营带着孩子们一起阅读。跟孩子们相处的日子我才意识到阅读对于孩子们的重要性，以及向他们分享阅读理念和帮助他们建立能够陪伴一生的阅读习惯的重大意义。

于是，就有了这本书。

首先，我得感谢参加第一期冬令营的孩子们，他们是赵晨希、杨秋璠、章紫墨、蒋晗曦、孙佳瑞、孙宜凡、邓舒蔓、李仲衡、杨雨琛（排序不分先后），是这些可爱的孩子们最先体验了我整理的阅读课程，让我更好地判断哪些内容适合、哪些内容不适合，更让我感到神奇的是，在短短七天的学习里，他们已经能够掌握读书笔记的要领，并做出非常不错的笔记了，有一些我已经作为案例放进本书，没放进去的那些也很棒，只是篇幅有限。

更为重要的是，在七天的学习里我发现孩子们是热爱阅读的，在阅读中他们是快乐的，而他们平时的一些阅读方式和习惯却一定程度上影响了这种快乐，使得他们一直没有培养起阅读习惯，这更让我感觉到写这本书的必要性。

其次，我得感谢那些致力于阅读研究的前辈，为了写这本书我阅读并参考了大量讲阅读的书籍，这些书包括但不限于以下这些：莫提默·J.艾德勒和查尔斯·范多伦的《如何阅读一本书》、弗吉尼亚·伍尔芙的《如何去读一本书》、艾伦·雅各布斯的《再读一遍——消遣时代的阅读乐趣》、斯蒂芬·克拉生的《阅读的力量》、尼基·斯坦顿的《沟通圣经》、奥野宣之的《如何有效阅读一本书——超实用读书笔记法》、大岩俊之的《实用性阅读指南》、托马斯·福斯特的《如何阅读一本文学书》、斋藤孝的《深阅读：信息爆炸时代我们如何读书》等。

在阅读这些专业书籍过程中我发现，我们有着大量指导成人阅读的书籍，却几乎没有教孩子们如何阅读的书，而实际上对孩子们来说，在刚开始接触阅读阶段，感受到阅读的乐趣、养成良好的阅读习惯、形成自己的阅读品味是极其重要的，那会是真正受益一生的事。

最后，我要感谢我的家人和本书的编辑，没有你们的支持，我是无法顺利完成这本书的。

在写这本书的过程中我一直提醒自己三点：一是可读性，这本书的阅读对象是孩子们，在文字上尽量要简单明白；二是实用性，这是一本指导阅读的实用书籍，要有理论但一定要有可操作的方法帮助孩子们养成良好的阅读习惯；三是趣味性，在阅读的初期阶段发现并体验到阅读的乐趣是很重要的，所以在写书时我尽可能通过案例让孩子们感受到乐趣。

写完后我又审视了一番全书，基本做到了以上三点，但限于时间和能力也没有达到最理想的状态，希望这本书会是陪伴孩子们阅读的一个开始，也希望能得到孩子们使用这本书的反馈，以期在将来的版本中更加完善。

谢谢你们每一位，愿我们都拥有美好的阅读体验。

梅叶挺　2019 年 3 月 28 日于云南大理